口絵1　墓地での葬儀．坐棺を囲み最後の別れ．三重県鳥羽市神島（萩原秀三郎氏撮影）

口絵2　喪主の挨拶．喪主と妻と兄弟は白装束で参列者にお礼をする．滋賀県水口町岩坂

口絵3　野辺送り．親族の女性が「善の綱」をひく．福島県七ケ宿町湯原（須藤功氏撮影）〔萩原秀三郎・須藤　功（1985）『日本宗教民俗図典2 葬送と供養』p.48，法蔵館〕

口絵4　一俵香典．葬式の香典はもともと米だった．福井県美浜町新庄（小林一男氏撮影）

口絵5 埋葬墓地の魔除けの鎌吊し．福井県大飯郡高浜町（1972年，新谷尚紀氏撮影）

口絵6 後生車（ごしょうぐるま）．柱の中の滑車を回し，また籠に小石を入れて供養回向をする．宮城県鳴瀬町小野（真野俊和氏撮影）

口絵7 流れ灌頂．妊娠中や産褥中に死亡した女性の供養．道行く人に経文や念仏を書いた布に水をかけてもらう．茨城県（井之口章次氏撮影）

口絵8 水掛け着物．四十九日の間，北向きに干した着物に水をかけて供養する．埼玉県新座市

口絵9 洗骨．沖縄市園田．1975年頃（屋良明歩氏提供）

『国立歴史民俗博物館研究叢書』
刊行のことば

　国立歴史民俗博物館（以下，歴博）は，日本の歴史と文化を総合的に研究する大学共同利用機関ですが，歴史資料を収蔵し，研究成果を歴史展示というかたちで公表する博物館機能をも有しています．その特徴は，歴史学，考古学，民俗学および分析科学を加えた関連諸科学による文理連携型の学際協業によって，最先端の歴史研究を開拓し推進するところにあります．そして，「歴博といえば共同研究」と研究者間で言われるように，1981（昭和56）年の機関設置以来一貫して，館内研究者はもとより多数の国内外の大学・研究機関などに所属する研究者と一緒に共同研究プロジェクトを組織して研究を進め，博物館機能を用いて，その研究過程・成果を可視化し，研究課題を高度化することで，学界コミュニティに貢献してまいりました．

　たとえば，創設初期の1980～90年代は，外部の有識者による基幹研究検討委員会を設け，基層信仰，都市，環境，戦争などの大テーマを選定したうえで，実証的な研究を組織的に推進することによって学界をリードしてきました．2004（平成16）年の法人化後は，博物館を有する研究機関としての特性をさらにはっきりと活かすために，研究，資料，展示の循環を重視した「博物館型研究統合」という理念のもとに広義の歴史研究を推進するというミッションを定めました．そして，総合展示のリニューアルを構築するための学問的基盤作りなどを行なう基幹研究を新しく共同研究のテーマに加えることにいたしました．

　このように共同研究の課題は，それぞれの時代の学問的要請と外部の有識者の意見を踏まえて選択してきたのですが，共同研究の成果を広く発信・公開しようという姿勢は一貫して変わることなく，『国立歴史民俗博物館研究報告』特集号（以下『研究報告』）に集約して発表してまいりました．これらは，各研究分野の主要な学会誌の研究動向においても取り上げられ，一定の評価を受けてきております．

　しかし，共同研究の最新の研究成果が集約されているこの『研究報告』は，専

門の研究者向けといった性格が強く，これから研究を始めようという大学院生・学生や日本の歴史と文化に関心をもつ一般の読者が手にとる機会は，残念ながら決して多いとは言えません．

　現在，大学および大学共同利用機関においては，とくに人文科学分野の研究の可視化，研究成果の社会還元が強く求められています．そこで，第2期中期計画期間（2010～15年）内に推進された共同研究のなかから6件を選び，その後の研究成果を反映させるとともに，研究史全体での位置づけを明確にするということを意識して執筆を行ない，ここにあらためて『国立歴史民俗博物館研究叢書』として刊行する運びになりました．さらに，冒頭には，研究代表者による総論を設け，そこでは，それぞれ3年間におよぶ共同研究の成果の要点が読者に明確に伝わるようにいたしました．

　本叢書は，朝倉書店の理解と協力を得て，第3期中期目標・中期計画期間の第一年目に当たる2016年度より刊行が実現することとなりましたが，歴博の創設に当たって学際協業による新しい歴史学の創成をめざした井上光貞初代館長の構想のなかには，すでにこのような研究叢書の刊行が含まれていたと伝えられています．創設三十周年を経た今，この本館設立時の初心に立ち帰り，本研究叢書の刊行に取り組みたいと思います．そして，本館の共同研究の水準を，あらためて広く社会に示すことで，研究史上の意義を再確認するとともに，新たな研究課題の発見に結びつけ，今後の共同研究として展開していく所存です．

　読者のみなさまの忌憚のないご批判とご教示を賜りますよう，お願いいたします．

2017年2月吉日

　　　　　　　　　　　　　　国立歴史民俗博物館 館長　　久留島　浩

はしがき

――お葬式，どうしますか？
　あなたの入るお墓は決まっていますか？

　結婚して子どもを産んで育てるのが普通のことという，古くからの価値観の揺らぎを決定づけたのは，2007年の社会学者上野千鶴子氏の著書『おひとりさまの老後』の大ヒットだったように思う．親が死んだら子どもはそのお葬式を出して，死者の遺体と霊魂をあの世に送るものだというのが伝統的な考え方だった．そのような死生観の揺らぎを，あらためて考えさせたのは，2006年の紅白歌合戦から大ヒットした「千の風になって」の歌であった．もともとアメリカの詩を翻訳したものだから，日本の伝統的な死生観とは異なるのだが，それが現代の日本人にも共感を呼んでいるのである．葬送とは死穢の忌みや死霊との絶縁や死者の成仏というのではなく，死者は風になっていつも愛する人を見守っていてくれる，というのである．墓に入り供養によって成仏するというのではなく，死者は空から風になって見守っていてくれるというのである．これは大きな変化である．
　これより早く，尊厳死や脳死，葬送の自由やもやいの墓などが話題となっていたころ，1991年を「山が動いた年」といったのは社会学者の井上治代氏であった．それは，従来のような家と家族に縛られていた人生と葬送と伝統がまさに崩壊に向かっているという意味であった．誰でも自分の家の墓に納骨されその家の次世代の継承者によって代々墓参供養されて先祖として，子孫を見守るというのが，従来の家と個人の安定した死生観であった．
　だから，民俗学の基礎を築いた柳田國男がそれを聞いたら，さぞや驚いたことであろう．柳田は『先祖の話』で，家の永続を願い，今生きている人は先祖と子孫をつなぐ鎖の一つにすぎないと述べていた．たとえば箱根駅伝の襷をつないでいくランナーの一人ひとりであった．それが，もはや襷など，どこかに忘れられてしまったかのようなのである．近年の「終活」という言葉には，一人ひとりが死への不安のなかで，子供たちに迷惑をかけないように人生の後始末と死の準備をしようという考え方がうかがえる．墓石の処理をめぐる「墓じまい」という言葉もある．そこには，家と墓と先祖が，現代人にとって負担になってきている様

子がうかがえる．

　本書では，かつて昭和30年代くらいまで日本各地の村や町で行なわれていた葬送と営墓とが，その後大きく変わってきているということに注目してみた．土葬から火葬へ，自宅葬からホール葬へ，誰が葬式や墓穴掘り・埋葬をしてきたのか，そして沖縄ではどのような変化がみられるのか，などを具体的な事実と資料に基づいて整理して述べてみる．昭和50年代くらいまではまだ農村部では派手な葬式が立派な葬式として話題になっていた．家の前に花輪がいくつ立てられていたか，僧侶は何人来ていたか，弔問の人がどれほどいたか，などが関心を集めていた．葬儀の簡略化をめぐって申合せが何度作られても，守られないことが多かった．しかし，その後，葬儀の場所が自宅から葬祭ホールに変わり，農村でも家族葬が流行るなど，葬儀の縮小化が加速している．ホール葬に変わったとき，組とか講中と呼ばれる近隣の人びとの手伝いがなくなり，家族葬では，代々続いてきた香典のやり取りも断絶する事態となっている．かつて村落は相互扶助の単位であった．そして葬儀は相互扶助によって行なわれるものであった．この関係が終焉を迎えようとしているのが現在なのである．

　このような葬儀の変化について，民俗学の視点からその変化の多様性に注目し，何が変わって何が変わりにくく伝承のなかに残っているのか，日本各地の実態と伝承の力関係に留意しながら読み解いてみた．かつては，遺骸の処理とともに霊魂の処遇をめぐって手厚い儀礼が行なわれ，毎年のお盆には死者の霊魂が帰ってくる場所があったのが特徴であった．そのしくみが緩んできている現在，これからの私たちの死後の霊魂はどうなるのだろうか，もはや死んだら誰も私を思い出すことはないのだろうか，いやいや何らかのかたちで一人の人間が生きた一生とそのしごとは関係者の間で記憶に残り，ときどきは思い出され昔話が語られることもあるのだろうか．大きな変化の中にある現在，そのようなことを考えてみる参考にでも本書がなれば幸いである．

2017年2月

関沢まゆみ

目　　次

序章　民俗学が読み解くとは ………………………………………［関沢まゆみ］… 1
　1.　葬儀と墓の変化を読み解く ……………………………………………………… 1
　　　民俗学と歴史学 …………………………………………………………………… 1
　　　死霊から死者へ …………………………………………………………………… 2
　　　相互扶助からサービス購入へ …………………………………………………… 3
　2.　葬送の習俗と儀礼の地域差を読み解く―比較研究法の活用― ……………… 3
　　　事例差と地域差 …………………………………………………………………… 4
　　　盆行事と墓参の地域差 …………………………………………………………… 5
　　　沖縄と南西諸島にみる地域差と事例差 ………………………………………… 6
　　　変遷を読み解く比較研究法 ……………………………………………………… 7

第1章　葬儀と墓の構造的変化の50年 ……………………………［関沢まゆみ］… 10
　1.1　『死・葬送・墓制資料集成』にみる葬儀の変化
　　　　　―1960年代と1990年代と― ……………………………………………… 10
　　(1)　全国調査からとらえられた変化の実態 …………………………………… 12
　　　　a.　葬儀の担い手の変化 ……………………………………………………… 12
　　　　b.　遺体処理の方法の変化 …………………………………………………… 14
　　　　c.　土葬や野焼きから公営火葬場の利用への時期差と地域差 …………… 20
　　　　d.　野辺送りと白装束（白色の根強い伝承力） …………………………… 23
　　(2)　葬送儀礼の変化と霊魂観の変化 …………………………………………… 25
　　　　a.　多様な魔除けの伝承 ……………………………………………………… 25
　　　　b.　生死の中間領域の縮小化 ………………………………………………… 28
　1.2　土葬から火葬へ―地域ごとの展開― ………………………………………… 30
　　(1)　東北地方の火葬への変化は遺骨葬への変化
　　　　　―野辺送りと霊送り習俗の維持― ………………………………………… 31

 (2) 九州・熊本県の火葬化と大型納骨堂建設 33
  a. 熊本県菊池郡大津町域の火葬化と3種類の納骨施設 35
  b. 大型納骨堂と盆行事の変化—身近な死者から遠い死者へ— 37
  c. 3種類の納骨施設 39
 (3) 火葬の普及と両墓制の終焉 41
  a. 2001年4月1日からいっせいに火葬へ—甲賀市水口町の事例— 41
  b. 無石塔から石塔建立へ—滋賀県蒲生郡竜王町の事例— 43
  c. サンマイ利用の変化—サンマイを放置する村と再活用する村— 50
  d. 火葬の普及と両墓制の終焉 52

1.3 ホール葬と葬儀の変化 56
 (1) 葬列と野葬礼の消滅 56
 (2) 絶縁儀礼の省略 61
 (3) 霊送り習俗の消滅 64
 (4) ホール葬と相互扶助の欠落 68
 (5) ホール葬で何が変わったか？ 70

第2章 葬儀と墓の民俗と歴史（葬儀の変遷史）
   —民俗伝承と歴史記録から読み解く— ［新谷尚紀］ 73

2.1 日本民俗学は民俗伝承学 73
 (1) 伝承論 tradition と変遷論 transition 73
  a. 民俗学はフォークロアではない 73
  b. 伝承論と変遷論 76
 (2) 柳田無理解のなかの戦後民俗学 76
  a. 柳田の方法論の否定 77
  b. 「周圏論との矛盾」という誤読 78
 (3) 比較研究法の視点と詳細な事例研究 79
  a. 両墓制と比較研究法 79
  b. 歴史記録と物質資料 81

2.2 葬儀の民俗伝承の事例差とその読み解き 82
 (1) 三種類の葬儀分担者 82

(2)　民俗伝承に対する比較研究という方法 ················86
　　　a.　タニンを作る村・シンルイを作る村 ················87
　　　b.　死体は腐乱と汚穢 ················90
　　　c.　A血縁からB地縁への変化 ················90
　　　d.　重出立証法の有効性 ················91
　(3)　歴史記録から ················92
　　　a.　古代中世の往生伝や説話類からの情報 ················92
　　　b.　「野棄て」もあり ················93
　　　c.　近世史料にみる講中の形成 ················94
2.3　現代社会と葬儀の変化 ················96
　(1)　ホール葬の威力 ················96
　(2)　分析概念としてのオヤオクリ ················97

第3章　南西諸島における葬送・洗骨・墓参の変化 ············［武井基晃］···107
3.1　昭和から平成の「葬送」の変化
　　　　　—『死・葬送・墓制資料集成』の追跡調査から— ················107
　(1)　南西諸島の文化 ················107
　(2)　戦後沖縄における墓地の変化 ················108
　(3)　昭和から平成の葬送習俗の変化：沖縄本島中城村 ················109
　(4)　葬儀社の関与 ················118
3.2　「洗骨」の終焉と火葬への移行
　　　　　—鹿児島県沖永良部島・与論島の事例— ················119
　(1)　洗骨の伝承地域と火葬の導入 ················119
　(2)　沖永良部島における火葬導入後の墓所の整備 ················126
　(3)　火葬導入後の納骨と墓参 ················129
　(4)　与論島における火葬場の供用開始 ················131
　(5)　土葬から火葬への移行期における葬法の派生 ················134
　(6)　従来の供養・魂観への影響 ················136
　(7)　火葬場の供用開始直後：洗骨・改葬習俗の最末期 ················138
3.3　「墓参」の変化と今日の実態：沖縄本島の清明祭を中心に ················142

- (1) 墓参の日：清明祭の受容と首里・那覇から地方への波及 …………… 142
- (2) 十六日祭と清明祭—復帰前の調査成果— ……………………………… 144
- (3) 自動車に頼った戦後の墓参 ……………………………………………… 149
- (4) 一族総出の墓参の見直し ………………………………………………… 151

索　　引 ……………………………………………………………………………… 157

| 序章 | 民俗学が読み解くとは |

関沢まゆみ

1. 葬儀と墓の変化を読み解く

民俗学と歴史学

　葬送儀礼や墓制を通史的にまとめたものとしては，民俗学が先行し（新谷尚紀 (1986)『生と死の民俗史』，木耳社，同 (1992)『日本人の葬儀』，紀伊國屋書店など），それに歴史学が続いて（勝田至編 (2012)『日本葬制史』，吉川弘文館，同 (2006)『日本中世の墓と葬送』，吉川弘文館など）おり，いずれも現行の民俗との関係性に注目している．とくに中世史料に，龕（がん）や四花（しか），幡（はた），善の綱（ぜんのつな）などの初出がみられることから，勝田は「中世後期は，上層の葬送儀礼が仏教的要素の濃い形態に転換するとともに，それが民衆の間にも普及してゆく大きな流れが始まった時代」と位置づけている[1]．

　江戸時代後期の文化 12, 3（1815, 16）年頃の『諸国風俗問状答』[2]をみてみると，野辺送り（のべおく）では，提灯（ちょうちん）や四花（しか），香炉（こうろ）のほか，嫡子（ちゃくし）が位牌（いはい）を持ち，血縁の女性が縁の綱（えんのつな）をひくなど現在につながる役割がみられる．血縁関係者は，木綿や麻の服や，女性では白いカツギや綿帽子（わたぼうし）をかぶるなど，イロが用いられていた．このほか，仮門（かりもん），門火（かどび）（紀伊國和歌山），壹升泣（いっしょうなき），弐升泣（にしょうなき）（越後國長岡領），頭陀袋（ずだぶくろ）（三河國吉田領），野帰り（のがえ）の臼，盥（たらい）の水，塩および願解（がんほどき）の習俗（淡路國），四十九日の餅の習俗（陸奥國白川領，常陸國水戸領，伊勢國白子領，和歌山，淡路國ほか）など，地域ごとの実態が記述されている．

　歴史学からの研究では，そのような現代につながる葬送儀礼の一つひとつの初発がいつか，が追跡されているのが特徴であり，それら歴史学の成果に民俗学が学ぶ点は多いといえる．一方，歴史学の初発重視の視点と比べて，民俗学は社会

の上層で起こった儀礼や習俗が時間をかけて一般の人びとの間に受容されていくこと，また社会の下層で起こっていたことが広く一般化していくこと，そしてその伝承の過程では地域差も大きく，事例差や段階差があるということに注意を払う．そして，そのような通史的な変遷と伝承の動態を分析するという視点が民俗学の特徴である[3]．

死霊から死者へ

本書では，第1に，1960年代の高度経済成長期を経て，その後2010年代の現在までの約50年間に日本各地で葬儀と墓がどのように変化したのか，具体的な事例分析をもとにその変化の実態をみてみることとした．その具体的な調査事例としては，1960年代と1990年代の事例については，国立歴史民俗博物館編『死・葬送・墓制資料集成』（東日本編1・2，1998，西日本編1・2，1999）を中心に，また2000年以降については，『資料集成』の追跡調査を目的に2011〜13年度に実施した共同研究の成果をまとめた『国立歴史民俗博物館研究報告』191集（特集号「高度経済成長期とその前後における葬送墓制の習俗の変化に関する調査研究―『死・葬送・墓制資料集成』の分析と追跡を中心に―」，2015）などを情報分析の対象とした．

そして，その変化の特徴としてまずは，火葬の普及の徹底と，ホール葬の普及，に集約することができる．それが，旧来の家族・親族，近隣の相互扶助による葬儀を大きく変えたのであり，なかでも，出棺に際しての出立ちの儀礼や野辺送りがなくなったことは，死者と生者との絶縁の儀礼の喪失として大きな意味を持っている．葬儀が，不気味な死霊と死穢と邪霊の影響からの防御を第一とし，何よりも不安な幽界・霊界に赴く死者の成仏への安穏を祈願するという意味があった場から，新たに死者とのお別れの場，死者を記念するセレモニーの場へと変化してきていることがあらためて注目された．ただ，そのなかでも興味深いのは，葬儀後の寺送りや山参りなどの死者の霊魂を送り届ける習俗や四十九日の餅など，いまだに家族・親族によって行なわれる死者の霊魂送りと供養は比較的しっかりと維持されてきているという点であった．大きく変化する部分と長く維持され伝承される部分とがあるのである．

これに関連して，火葬の普及による奄美群島の沖永良部島・与論島における洗骨習俗の終焉がまた注目される．この地域における火葬への移行は，墓所や葬送

の変化だけでなく洗骨を担ってきた女性たちの負担を軽減したといえるであろう．そして，洗骨を行なわなくなったこの地域の人びとの死者観念や死生観がどのように変容していくのか，古くからの観念が継承されていくのか，今後も観察していく必要がある．

相互扶助からサービス購入へ

　それにしても，この 50 年の間には，葬儀と墓にはまさに構造的変化ともいうべき大きな変化が起こってきていたのであった．それを葬儀の歴史の流れのなかに位置づけるならば，中世後期以降に現代へとつながる葬具や野辺送りなどのかたちが整えられて，それが江戸時代後期にまで，さらには昭和 30 年代にまで継承されていたのであったが，そのような葬送の習俗や儀礼が，1990 年代から 2010 年代の現在にかけてほとんど廃止されてきているということである．土葬から火葬へ，葬儀社とホール葬へ，という変化によって，近世の村請制(むらうけせい)以来継承されてきていた近隣による葬儀の手伝いという方式も終わりの時期を迎えているのである．相互扶助の典型であった葬儀の変化は，相互扶助を基本とする地域社会の生活を大きく変えてきている．それが現実である．しかし，民俗学は各地の現地調査の積み重ねによって，それぞれの地域社会で実践されている伝統的な相互扶助システムを守り伝えようとしている動きにも注目している．本書は，変動のなかにある現在，遠い過去から現在へそして近未来へ，という伝承分析の視点から，葬送墓制の変遷と伝承の動態を追跡してみたその成果の一部を紹介してみるものである．

2. 葬送の習俗と儀礼の地域差を読み解く
―比較研究法の活用―

　葬送の習俗と儀礼には地域差がとても大きいのが特徴である．柳田國男は「葬制の沿革について」[4]のなかで，葬制に注目した理由として，「儀式にはむしろ改正の機会が少なく，従って土地土地の昔を保存しやすかったかと思われる．その中でも凶事には計画がなく，家の者は通例その指揮に任じ得ないから，勢い何人も責任を負うて，古い慣習を改めようとはしなかったのである．すなわち家の風，村の作法が最も忠実に守られ，甲乙の異同はいつまでも保存せられていた」と述べている．葬儀は比較的古い慣習が伝わってきており，家ごと，村ごとの作法が

画一化されにくいものであるから，各地の葬儀慣習の比較から，土葬以外の遺骸処理法にも注意して，どういう順序を踏んで次第に現在の風に移ってきたかをうかがうことができないかというのである．柳田は，課題の一例として遺体処理の方法の変遷をあげていたが，葬儀をめぐる現行の多様な民俗の伝承を歴史情報として読み解く民俗学の比較研究の視点と方法の可能性を提示していたといえる．

事例差と地域差

本書では，第2に，葬送の習俗と儀礼の事例差と地域差について，比較研究法の視点を活用して分析を試みることを積極的に行なってみた．第2章の新谷尚紀「葬儀と墓の民俗と歴史」からそれを紹介してみよう．民俗学では長く葬儀は村落内の組（くみ）とか講（こう）などと呼ばれる近隣組織が中心となって行なわれるものと説明されてきた[5]．それは実際に多くの事例で，喪主の家族や親族は，葬送の準備，賄い，そして穴掘り，埋葬にいたるすべてを葬式組の人にお願いして，口出ししないものとされてきたからである．しかし，たとえば岩手県岩泉町安家（あっか）の報告で，「墓は，喪主が葬礼の前に必ず現場に行き，墓所に白紙をおき，五竜の位置をきめ，二鍬ばかり掘る．これをヤシキトリといっている」[6]とあるように，血縁関係者の喪主が墓穴を最初に2鍬（くわ）掘るという事例が存在していた．

新谷は，これについて例外として看過せずに，日本各地の葬送の調査事例のなかから，地縁中心に徹底している事例群と，血縁中心に徹底している事例群と，その中間的な事例群とをあらためて整理してみたという．そうしてみたところ，各地の事例によってさまざまであり，「棺担ぎや火葬は血のつながる身内が当たるべきだ」，「他人にはお願いできない」などという血縁中心の考え方と，その一方では「血縁以外の人に依頼すべきだという新しい考え方」とがあることがわかったのであった．そして，その中間的な事例群のなかに，葬式には身内として手伝いをする「葬式シンルイ」を作る村（滋賀県蒲生郡（がもう）竜王町（りゅうおうちょう）綾戸（あやど）の事例ほか）があり，またその一方では，福井県の事例であるが，近世以来15戸以内という集落構成の戸数制限をきびしく行なってきた敦賀市（つるが）白木（しらき）という村の事例のように，世代をさかのぼればみな互いに親戚関係か姻戚関係になってしまうような村では，葬儀のためにわざわざタニンになるという関係を作っているというような事例があることが注目された．つまり，前者のような「シンルイを作る村」では，地縁が「みなし血縁」になり，後者のような「タニンを作る村」では，血縁が「み

なし地縁」になっているのである．このような「ねじれ」の伝承のなかに，葬儀をめぐる役割分担の変遷という歴史的な過程の一部が現れていると新谷は注目したのであった．そして，その他の一般的な多くの葬送の事例においても，火葬の場合の点火は必ず喪主がするとか，土葬の場合も埋葬は組の人にすべて一任しながらも，最初の土をかけるのは喪主であるとか，またいったん帰宅後，墓直しとか塚マルメなどといって，喪主をはじめ身内の者がもう一度墓にいって，鍬で塚を丸く築く真似をするなどの習俗に，やはりもともと血縁関係者が行なっていた火葬や埋葬を，社会的な安定が得られた近世社会で相互扶助のシステムが作られていき地縁関係者にお願いするようになった，その名残りが各地の事例差のなかに見いだされる，という解釈が有効であることがわかってきたのである．

そして，古代から現代にいたるまで，葬儀の主たる担い手については，「血縁」から「地縁」へという変化が地域差と事例差をみせながら展開していたこと，それが高度経済成長期を経るなかで葬祭業者からのサービス購入へという，貨幣が介在してすべての縁を無化する関係という意味での「無縁」へと展開しているということ，そして同時に，通史的にみれば葬送の担い手の基本はいずれの時代も，生の密着関係が死の密着関係へと作用して，「血縁」であることに変わりはないということが指摘されたのである．日本各地の葬送習俗のなかに見いだされる地域差と事例差を，その長い伝承の過程において起こった変遷の跡を示す歴史情報ととらえること，そして，そのような比較研究の視点に立つことによって，地域差や階層差を含めた立体的な歴史変遷が描けること，を具体的に示した作業例であった．

盆行事と墓参の地域差

本書の収録ではないが，その比較研究法の有効性を示したものに関沢まゆみ「民俗研究映像「盆行事とその地域差」―盆行事の民俗史／火葬化の現在史―」[7]がある．現在でも，お盆の行事には地域差が大きい．なかでも注目されるのは，お盆に墓地で飲食を行ない先祖と交流するという事例が東北地方北部と九州地方南部に伝承されている一方，近畿地方の農村では遺骸を埋葬した墓地への墓参習俗がみられないという伝承実態である．柳田が『蝸牛考』[8]で示したように，東北と九州とで「遠方の一致」という現象がみられるのである．そして，その歴史的背景についての追跡から，8世紀から9世紀の『日本後紀』など六国史の記事に

よれば，近畿地方も含め各地に，家のそばに埋葬したり家族が墓にこもって死者の供養を行なったり，墓地で飲食をしていたという記事がみられたこと，しかしそれが，10世紀から11世紀の摂関貴族の時代になると，触穢(しょくえ)思想の高揚により死の穢れを極端に忌み避けるようになっていったことが注目された．そのような平安貴族の触穢思想の高揚という歴史を反映したのが近畿地方の諸事例であり，その強い死穢忌避観念の歴史とその伝承が変化しながらもいまなお伝承されてきている．一方，東北地方や九州地方にまではそのような平安貴族の触穢思想が広がる歴史的展開がなかったと考えられるのであり，それが現在の民俗伝承の地域差となって投影されている可能性が大であるということを指摘している．

沖縄と南西諸島にみる地域差と事例差

第3章の武井基晃「南西諸島における葬送・洗骨・墓参の変化」においては，民俗学の比較研究法の視点から，南西諸島における墓参りの日の伝承の変化について，1968年に琉球政府文化財保護委員会が行なった調査をもとに，沖縄本島北部，沖縄本島中南部，離島という三つの地域に分けて，その分布状況の確認を行なった．沖縄の墓参や先祖祭祀の伝承としては，旧正月の16日に行なわれる十六日祭(ジュールクニチー)と，首里の上層社会から広まっていった4月の清明祭(シーミー)と，そしてお盆と彼岸とがある．ここで注目されるのが，琉球王府や士族が始めていった清明祭が，首里・那覇を中心としてそれが地方へと普及していくと，十六日祭がその周辺部（北部は先島諸島へも）に残存する形でその分布が確認されるという伝承の実態である．

柳田國男の沖縄認識をめぐっては，赤嶺政信「柳田国男の民俗学と沖縄」[9]が，初期の「日本のもっとも古い姿」「『本土』の古い姿」という言い方が強調され続けたが，柳田の見解にも変化がみられたこと，それにもかかわらず，誤読されたままであったという点を，岩本通弥「戦後民俗学の認識論的変質と基層文化論─柳田葬制論の解釈を事例として─」[10]などもふまえて，明確に批判して，柳田は1952（昭和27）年の民俗学研究所による南島総合調査の指針として，「南の島だけで一旦の仮定を立てること」など，沖縄の独自の変化に着目していたことを明らかにしている．そこでは，これまで看過されてきた点だとして，柳田の沖縄研究の初期には沖縄の民俗に日本の民俗の古形をみる柳田の視点が認められるものの，その後，沖縄独自の変化に着目するように柳田自身が変化したことに注目す

る必要があるということを研究史をたどりながら指摘している．ただし，その赤嶺も岩本も学史の整理をそのように正当に行なったものの，実践例の提示までは行なわれていなかった．そこで本書においては，武井が清明祭と十六日祭の分布とその歴史の段階差としての読み解きを行なっている．

変遷を読み解く比較研究法

　比較研究というのには二つの意味がある．一つは，柳田國男が提唱した方言周圏論や重出立証法のような一定の文化圏内での事例差や地域差の比較であり，そこから見えてくるのは生活文化の変遷の過程とその段階差である．もう一つは，比較文化論のそれである．本土と沖縄の文化比較，東アジア圏の相互の文化比較，日英文化比較，日仏文化比較などである．比較文学論や比較演劇論などという言い方もあるので，ふつうには比較研究というと後者の意味にとられがちである．しかし，民俗伝承を研究する民俗学，民俗伝承学が提唱する比較研究法とは前者の意味である．誤解を避けるために，後者の一般的な比較研究を「Aタイプの比較研究」と呼び，前者の民俗学の比較研究を「Bタイプの比較研究」と呼んで，両者を明確に区別しておくことを，本書では提案しておく．

　本土の東西南北各地の事例差や地域差に注目した関沢の盆行事の研究例と，武井の沖縄の清明祭と十六日祭の研究例とは，いずれも「B比較研究」の視点と方法を実践したものである．それは，柳田國男の古典的な『蝸牛考』の論文と同じく，中央から地方へ周辺へという文化伝播の動態が，「遠方の一致」をみせながら，民俗伝承の地域差として追跡確認される事例についての比較研究である．一方，新谷の葬儀の担い手が血縁から地縁へという変遷を追跡した研究例は，柳田國男の『聟入考』[11]と同じく，地理的分布ではなく，まだらな分布状態でありながら個々の事例差のなかに古い要素を残している事例が残っていることが追跡確認される事例についての比較研究である．

　民俗学の比較研究法は，民俗伝承の古態を見いだすことが目的ではない．比較研究法の活用においては，古代，中世，近世そして近代へ現代へと一定の歴史時間を共有してきた日本列島各地で一般の人びとの間に伝えられてきている民俗伝承の多様性のなかから，どのような生活文化の変遷過程が追跡できるのか，各地の民俗伝承を歴史情報として読み解き，それぞれの事例が発信している伝承過程の段階差について注目することにより，立体的な生活文化の歴史的変遷の動態世

界を描くことが，民俗学にとっては重要なのである．葬送墓制をめぐる日本各地の現行の多様な民俗伝承に対して，それらを一定の歴史情報として読み解く比較研究法の可能性を示そうとしたのが本書である．これからもこの比較研究法の有効性を，民俗学の自己研鑽によりさらに方法論的に研磨しながら，具体的な論文として学術世界に，また一般社会にこれからも提示していくことが期待される．

なお，本書は『国立歴史民俗博物館研究報告』第191集（「高度経済成長期とその前後における葬送墓制の習俗の変化に関する調査研究─『死・葬送・墓制資料集成』の分析と追跡を中心に─」，2015）をもとに編集をし直し，大幅に加筆修正を行なったものであるが，その研究報告全体の目次構成は本章末に掲げてあるとおりである．

本書には収録されていないが，ここで若手研究者による前述の『資料集成』に対する追跡調査の研究成果について2例を紹介しておく．まず，小田嶋建己の論文であるが，小田嶋は山形県東置賜郡高畠町時沢における2011年の葬儀の事例を調査し，約15年前に行なわれた同地区の資料調査（故武田正氏担当）のときとその後の変化について，土葬から火葬（前火葬）への変化とそれに伴う墓地の変化について具体的に追跡し論じている．調査者も話者も世代交代が進むなかで，時沢地区の葬儀と墓の具体的な変遷をとらえることができた論文である．次に，高橋史弥の論文であるが，高橋は『資料集成』のデータをもとに，葬祭業者の関与の時期と，通夜・葬儀式・終了後のもてなしの際の料理を仕出し屋に依頼するようになった時期について，その全国的な傾向を示しながら，帯広市の自身の調査した37の事例を位置づけて分析を試みている．このような個別事例の分析を重視しながら，それだけにとどまらず全国的な変化のなかでの位置づけを試みるという，その手法は，民俗伝承分析の実践作業例として評価できるものである．

注

1) 勝田至（2006）中世後期の葬送儀礼．日本中世の墓と葬送，p.205，吉川弘文館．
2) 竹内利美，平山敏治郎編（1969）日本庶民生活史料集成9，三一書房．
3) 新谷尚紀（2011）民俗学とは何か─柳田・折口・渋沢に学び直す─，吉川弘文館．また，この視点より，小川直之・新谷尚紀・俵木悟・関沢まゆみ編，講座日本民俗学（全7巻）が朝倉書店から刊行される．

4) 柳田國男（1990〈1929〉）葬制の沿革について（ちくま文庫柳田國男全集 12），筑摩書房．
5) 竹内利美（1991〈1942〉）村落社会における葬儀の合力組織．ムラと年齢集団，名著出版．井阪康二（1983）葬送儀礼．民俗学概論（福田アジオ，宮田登編），吉川弘文館，など．
6) 鈴木棠三（1939）陸中安家村聞き書き．ひだびと，7 巻 9．
7) 関沢まゆみ，国立歴史民俗博物館編（2015）盆行事と葬送墓制，吉川弘文館．
8) 柳田國男（1990〈1930〉）蝸牛考（ちくま文庫柳田國男全集 19），筑摩書房．
9) 赤嶺政信（2008）柳田国男の民俗学と沖縄．沖縄民俗研究，**26**．
10) 岩本通弥（2006）戦後民俗学の認識論的変質と基層文化論—柳田葬制論の解釈を事例として—．国立歴史民俗博物館研究報告，132．
11) 柳田國男（1990〈1929〉）贄入考（ちくま文庫柳田國男全集 12），筑摩書房．

国立歴史民俗博物館研究報告第 191 集（高度経済成長期とその前後における葬送墓制の習俗の変化に関する調査研究—『死・葬送・墓制資料集成』の分析と追跡を中心に—）

目次

共同研究の概要	関沢まゆみ
葬送習俗の民俗変化 1 —血縁・地縁・無縁—	新谷尚紀
葬送習俗の民俗変化 2 —広島県山県郡北広島町域（旧千代田町域）の事例より：2008 年葬祭ホール開業とその前後—	新谷尚紀
火葬化とその意味—「遺骸葬」と「遺骨葬」：納骨施設の必須化—	関沢まゆみ
魂祭の歴史と民俗	大本敬久
山形県置賜地方における葬送墓制習俗の変化—高畠町時沢の追跡調査から—	小田嶋建己
高度経済成長期前後の葬儀変遷—家族・介護・看取りを視野に入れて—	倉石あつ子
「儀礼」から「お別れ会」へ—松本市近辺の葬儀の変化—	福澤昭司
若狭における葬送墓制の変転—福井県三方郡美浜町の場合—	金田久璋
葬送儀礼への第三者の関与—参入と介入の視点から—	西村　明
葬送の変化と祖先祭祀行事の自動車社会化—沖縄県中南部の事例—	
付　沖縄県中頭郡中城村での昭和 34 年・平成 19 年の葬送・墓制「調査票」	武井基晃
墓に用いられるモノと記憶—現代沖縄の造墓からみた墓制の変容—	越智郁乃
北海道帯広市域における葬送習俗の変容—『資料集成』に見る全国的な傾向を踏まえて—	高橋史弥
葬祭業者の利用と料金の実態—現代の葬送の 1 事例—	武井基晃
葬送習俗の変容にみる地域性—静岡県裾野市の葬儀の現状—	松田香代子
神奈川県域における葬送儀礼の変化と持続について—大和市深見の事例を中心に—	鈴木通大
葬送儀礼の変化—愛知県の事例を中心にして—	蒲池勢至
高知県日高村大和田の葬儀とその変化	梅野光興
日本復帰前の沖縄における墓の新設をめぐって—沖縄県那覇，中部地域を中心に—	井口　学
坪井洋文氏撮影葬儀写真資料	新谷尚紀

第1章　葬儀と墓の構造的変化の50年

1.1　『死・葬送・墓制資料集成』にみる葬儀の変化
　　　——1960年代と1990年代と——

　国立歴史民俗博物館では，博物館資料調査プロジェクト「死・葬送・墓制の変容についての資料調査」を1997年度（東日本）と1998年度（西日本）に行なった．この資料調査の目的は，1960年代（昭和30〜40年代も射程に）の各地でまだ葬祭業者の関与があまりみられず親族や近隣の相互扶助によって行なわれていた葬儀と，1990年代の葬儀とそれぞれ同じ項目の調査を行ない，変化の実態を具体的な事例に則して確認しておくことであった．この実施にあたっては，博物館資料調査委員の協力と，情報提供者の理解と協力を得て，北海道から沖縄まで全国58地点での調査が実現した．

　ちょうどこの調査が計画された1990年代は，社会学の井上治代が1991年を「山が動いた年」といったことに象徴されるように，1980年代前半までは墓の継承という問題にそれほど大きな変化はなかったものの，1990年代になると高度経済成長期に故郷から都市へ移動したいわゆる団塊世代をまたぐ多くの若年層（子供世代）が自分の墓をどこにするか（故郷か移動先か）を決める時期になり，墓の設営と継承をめぐる問題が顕著になった人びとの間で，家の継承と墓の継承という問題から脱却する傾向が顕著になったことが指摘された頃であった[1]．具体的には過疎化を背景に，個別土葬から火葬の採用と地区で共同納骨堂を建設した事例（鹿児島県大浦（おおうら）など），地縁的共同の墓地から安穏廟（あんのんびょう）（新潟県角田浜（かくだはま）の妙光寺（みょうこうじ））の建設（1989年）や，京都嵯峨野（さがの），常寂光寺（じょうじゃっこうじ）の志縁廟（しえんびょう）（1990年），など家ごとの継承性にこだわらない墓の建設と利用もみられるようになった．そして，散骨（1991年に法制化）や樹木葬（じゅもくそう）（1999年から）など，墓の継承制というしばりからの脱却

1.1 『死・葬送・墓制資料集成』にみる葬儀の変化

とそれに代わって自然志向を望む人々も増えたという．このような家族の変化，個人化が，死後の墓の在り方に反映していることが指摘されてきた頃であった．

また，高度経済成長期（1955～73年）を経て，私たちの生活が大きく変化したが，その高度経済成長期を経てすでに15年余の1990年代初頭というのは，かつて伝統的であった土葬や近隣の相互扶助による葬儀が私たちの目の前で大きく喪失し，また変化していった時代であった．「民俗学は古代から現代まで通史的に伝承文化の伝承と変遷の両方に目配りする広義の歴史科学であると同時に，現代史の中で同時進行的な研究テーマを設定して取り組むべき学問であるということが痛感された」[2]というのが，当時の民俗学にとっての学問的状況であった．

民俗学にとって葬送・墓制の調査，研究の蓄積はそれまでの先学の努力によって一定の程度はあった．そこで，人が死んでから，誰がどのような役割を分担し，葬儀と遺骸の処理（土葬か火葬か）と，霊魂に対するさまざまな儀礼がどのように行なわれるのか，など，各地の事例情報をもとに，あらためて葬儀進行の時系列にしたがって調査項目が設定された．しかも，この調査では，一般的な聞き取り調査ではなく，同じ葬式組内で行なわれた1960年代と1990年代との葬儀の事例を同じ調査項目によって調査して比較できる基礎資料とする点，つまり固有名詞と数値を重視する事実確認に重きを置くという点に特徴があった．

いうまでもなく，葬儀は，同じ村のなかでも，相互扶助の単位である葬式組とか組合，講中などと呼ばれる小集団ごとに作法が異なっているケースが多い．そのため，同じ組内での葬儀を調査対象とすることとしたのである．この調査では，（A）1960年代の一人の死者の葬儀の実例，（B）1990年代の一人の死者の葬儀の実例，（C）地区内の一戸の家の位牌と墓石の一覧，（D）地区内の1960年代から1990年代にかけての死者一覧およびそれぞれの死亡場所が，家か病院か，葬儀業者の関与の有無，公営火葬場の設置とその利用状況の推移など，葬儀の変化を示す項目を確認するものであった．

そして，この1990年代末の調査では，まだ1960年代まで伝承されていた旧来の葬送習俗の実態についての情報を収集することができた．しかし，その後の葬儀の変化は驚くほど速いものであった．それはこの調査に携わったものの多くが実感しているところである．その1960年代の葬儀の実態を調査できたラストチャンスともいえるその貴重な調査資料は，国立歴史民俗博物館資料調査報告書9

『死・葬送・墓制資料集成』(東日本編1・2 (1999),西日本編1・2 (2000))として刊行され公開されている．

(1) 全国調査からとらえられた変化の実態
a. 葬儀の担い手の変化

　一人の死者を送る葬送儀礼は，その死者にとって3種類の立場の人びとによって執り行なわれてきた．死者の家族や親族などの血縁的関係者，葬式組や講中などと呼ばれる近隣の地縁的関係者，そして僧侶など葬儀の職能者である．ここで仮に，A：血縁的関係者，B：地縁的関係者，C：無縁的関係者，と表記してみる．僧侶などの職能者をC無縁と位置づけるのは貨幣が介在する関係だからである．このA, B, Cという三者分類は，新谷尚紀『両墓制と他界観』(吉川弘文館, 1991)で提案されたものである．そこでは，死者と生者との関係，死穢の程度，服喪を要求される側か要求する側か，またそれぞれの立場の表象としての衣服の相違などに注目しながら分析を行なっている．死者を出した血縁的立場の人びとには最も濃い死穢がかかるとみなされ，通夜の添い寝や湯灌など死者に近接し直接触れる仕事が分担されるということ，それに対し，地縁的立場の人びとはその周辺に位置して葬送儀礼の執行のうえで実務的な部分を担当すること，そして，血縁的立場の者へ服喪を要求しているのは他ならぬ地縁的立場の人びとであるということ，そしてこの二者とは別に死穢を厭わず葬儀の職能者としてその専門的役割を果たす僧侶ら無縁的立場の人びとが存在すること，などを指摘している．

　『資料集成』のデータをもとに，1960年代と1990年代の葬儀における湯灌，死装束作り，入棺，葬具作りの担当者についてまとめてみると，それぞれ次の点が注目された．湯灌については，1960年代にはAが行なうとするのが最も多く49例，Cは2例であったが，1990年代にはAが30例，Cが20例になっている（表1.1）．このCは病院側がアルコールで清拭したものなどを表すが，かつて線香の臭いと蝋燭の灯りの部屋で，Aが腰に藁縄を巻いたり（『資料集成』の1960年代において20例），褌や腰巻ひとつの全裸に近い状態（同様に6例）で死者に湯浴みをさせていた伝統的な湯灌が行なわれなくなってきたことを表す．死装束作りについては，1960年代にはAまたはBが41例であったが，1990年代にはCが34例になっている（表1.2）．入棺についても1960年代にはAが48例でCの関

表 1.1 湯灌の担当者

	1960 年代	1990 年代
A	49	30
AB	2	0
B	0	0
AC	0	1
C	2	20
行なわない	0	3
未記入	5	4
合計	58	58

表 1.2 死装束作りの担当者

	1960 年代	1990 年代
A	31	5
AB	2	0
B	8	5
C	10	34
本人が用意	3	7
とくになし	0	5
未記入	4	2
合計	58	58

表 1.3 入棺の担当者

	1960 年代	1990 年代
A	48	45
AB	2	1
B	1	0
AC	1	5
C	1	4
未記入	5	3
合計	58	58

表 1.4 装具作りの担当者

	1960 年代	1990 年代
A	7	3
AB	2	0
B	36	15
BC	1	5
AC	0	3
C	9	31
未記入	3	1
合計	58	58

凡例：国立歴史民俗博物館（1999・2000）『死・葬送・墓制資料集成』より
　　表 1.1 〜 1.4 の A：家族・親族（血縁），B：地域共同体（地縁），C：職能者（無縁）
　　（表の数字は事例数）．

与は 2 例であったが，1990 年代には C の関与が 9 例に増加している（表 1.3）．葬具作りについても 1960 年代には A または B が 45 例であったが，1990 年代には C が 31 例になっており，葬具作りがほとんど C の役割分担となってきている（表 1.4）．

　以上のことから，1960 年代には湯灌・入棺は A，葬具作りは B，死装束作りは A と B のいずれかとする役割分担が一般的であったが，1990 年代に向かって，湯灌・入棺は A から C（病院・葬儀社）へ，葬具作りは B から C（葬儀社による提供）へ，死装束作りも A または B から C（葬儀社による提供）へ，という急激な変化がみられたことがわかる．ここで注意されるのは，1960 年代から 1990 年代にむかって，死装束や葬具のような物品を C（葬儀社）から購入するかたちが進行しただけでなく，湯灌や入棺のような死者に直接触れる労力提供までも C（病院・葬儀社）から受けるかたちがみられるようになってきたことである．このよ

表 1.5 遺体処理の方法の変化

	1960 年代	1990 年代
土葬	30	6
火葬（伝統的）	25 (12)	51
未記入	3	1
合計	58	58

国立歴史民俗博物館（1999・2000）『死・葬送・墓制資料集成』より

うな C（病院・葬儀社）の進出はいわゆる「葬儀の商品化」の進行としてとらえることができた．

b. 遺体処理の方法の変化

『資料集成』においては，1960 年代には土葬が 30 例，野焼きなどの伝統的な火葬が 12 例，公営火葬場の利用が 13 例であったが（未記入 3），1990 年代には土葬が 6 例，公営火葬場（一部民営も含む）の利用が 51 例（未記入 1）となっており，公営火葬場の利用が圧倒的多数となってきたことがわかる（表 1.5）．しかし，岩手県岩泉町安家，福島県白川郡矢祭町，山梨県富士吉田市，滋賀県甲賀郡水口町，奈良市中ノ庄町，高知県高岡郡日高村の六つの調査地においては 1990 年代でも土葬が継続されていた．

この遺体処理の方法の変化について，さらに 1960 年代と 1990 年代の火葬を行なうタイミングを基準に注目してみると，従来は葬儀後に出棺して火葬を行なうというかたちが当たり前と考えられていたが，実際には，葬儀の前に火葬を行なういわゆる「前火葬」と，葬儀後に出棺して火葬を行なうという手順をふむ「後火葬」という 2 種類があることがわかってきた．その変化は，次の通りである．

①土葬→火葬（25 事例）のうち，前火葬（10 事例），後火葬（15 事例）

②野焼き→公営火葬場（一部民営も含む）（11 事例）のうち，前火葬（1 事例），後火葬（10 事例）

③公営火葬場利用（11 事例）のうち，前火葬（6 事例），後火葬（5 事例）

1）A「通夜→葬儀・告別式→火葬」タイプと B「通夜→火葬→葬儀・告別式」タイプ　　葬儀があって墓地への埋葬や野焼きなどと呼ばれる火葬が行なわれる，というのが伝統的な順番であった．しかし，上記①から③をみると，葬送の儀式次第のなかでの火葬の位置づけには，A「通夜→葬儀・告別式→火葬」タイ

プと，B「通夜→火葬→葬儀・告別式」タイプ，の二つがみられるのである．Aタイプでは遺骸での葬儀が行なわれるが，Bタイプでは火葬骨での葬儀である．長い日本の葬送の歴史のなかでは，すべて遺体の段階で葬儀をしてその後に埋葬や火葬をしてきたのであり，遺体での葬儀は当然であった．遺体を前にして僧侶の読経とともに「お性根抜き」などと呼ばれた遺体から霊魂を抜くという宗教的作法が伝承されていたのである．「お性根」を抜いてもらったら，霊魂が抜かれた遺骸となるのであり，埋めても焼いてもよいとされてきたのである．それが，新たな公営火葬場の利用の普及に伴い，遺体を先に火葬して遺骨にしてから葬儀をするという方式が生まれてきて，それを骨葬と呼ぶようになっているのが現状であるが，学問の立場からいえば，より論理的で合理的な対概念を用意すべきだと考える．そこで本書では「遺骸葬」と「遺骨葬」という概念をあらためて設定することとしたい．従来は「遺骸葬」などという呼称も概念も必要なかったのであるが，近年の公営火葬場の利用とその普及のなかであらためて設定する必要が生じてきた概念なのである．また，葬儀の前に火葬を行なう場合の「前火葬」と葬儀後に行なう場合の「後火葬」という用語も一部の葬儀社などで使用されている用語であるが，民俗学の観点からもその用語は有効と認めてよいであろう．つまり，「遺骸葬」＝「後火葬」，「遺骨葬」＝「前火葬」という対比での把握である．

2）前火葬と野辺送り　葬儀よりも先に火葬を行なうBタイプの遺骨葬の事例は，東北地方や九州地方などから多数報告されており，地域差の問題としても注目されている．

「遺骨葬」を「骨葬」と称した早い例は，竹内利美「宮城県の葬送儀礼の大きな特徴は骨葬であるという点です．出棺，火葬を先に済ませ，お骨にしてから葬儀，告別式という順序で行われるのが一般的です．これは東北地方全体に見られる傾向です．関西，東京では，今でも葬儀のあとに火葬を行うところが多いようです」[3]である．また，鈴木岩弓「東北地方の「骨葬」習俗」[4]では，東北6県の葬儀社へのアンケート調査をもとに，「骨葬」を選択した理由として，①葬儀参加者にとっての利便性および葬祭業者にとっての利便性（葬儀・告別式終了後，すぐに精進落としにかかることができる），②遺体の傷みを考慮した衛生的措置，③仏教寺院での葬儀で生仏を縁起の悪い不浄なモノと考え，遺体を寺の本堂に搬入することを認めないなどの死穢観念に対応できる，などをあげている．たしかに，

2000年以降の調査の現場では，葬儀関係者の時間の節約（葬儀時間の短縮化）を図る一つの方法として，前火葬が多く選択されるようになってきているという．

しかし，ここではあらためて，より早い段階の1965（昭和40）年前後において火葬と同時に前火葬が選択された事例の葬儀の特徴とは何か，について，『資料集成』の「死者が出てから葬儀が終了するまでの簡単なタイムテーブル（葬具作り，通夜，湯灌，入棺，葬儀，土葬の場合の穴掘りと埋葬・火葬の場合の火葬）を示してください」という調査項目を参照しながら，検討を行なうこととする．

〈事例1〉 島根県能義郡広瀬町[5]

喜多村理子氏によって島根県能義郡広瀬町の1969（昭和44）年と1989（平成元）年の葬儀の事例が記録されている．ここではもともとは土葬が行なわれていたが，1969（昭和44）年の事例では下記のように死亡翌日に公営火葬場での前火葬が行なわれている．それから20年後の1989（平成元）年の場合も，葬儀当日の朝，火葬が行なわれ，午後からの葬儀の流れに大きな変更点はみられない．

死亡当日	死亡翌日	三日目
死去 トギ（枕経）	朝組内が集合 湯灌・入棺 出棺・火葬場へ 　斎場で火葬 　遺骨を自宅に迎える・トギ 夜，遺骨壺を安置した祭壇の前で家人親類が寝ずの番をする	午後　葬儀 カドソウレン（引導渡し），水祭り 遺骨の野辺送り・埋骨 　七日法事 　仕上げの膳

土葬の頃は遺体のままであったのが，火葬へと変化して遺骨での葬儀が行なわれるようになり，外庭に骨箱を出して引導渡しを行なうカドゾウレン，家族，親族が遺骨に向かって洗米を撒き，ひしゃくで地面に水を掛ける「水祭り」と呼ばれる儀礼なども土葬のときと同様に行なわれ，墓地への野辺送りでも「火葬の場合の葬列は，棺が遺骨になっただけで，土葬のときと同じ」で，善の綱を遺骨壺からつないで，女性たちがひいていった．土葬のときの棺担ぎは孫（男子）の役目であったが，遺骨壺も孫（一人）が抱えていく．このときの服装は喪服で，頭には額あてを被り，草鞋をはく．棺担ぎが四人であったので，草鞋も4足用意し，遺骨持ちと介添え役の計四人が草鞋をはいた．このように土葬から火葬に変化し

ても，前火葬を行なうことによって，土葬の頃とほぼ同様の葬送儀礼が維持継承されていることがわかる事例である．

〈事例2〉 山形県東置賜郡高畠町時沢[6)]

武田正氏によって，山形県東置賜郡高畠町時沢の1971（昭和46）年と1997（平成9）年の葬儀の事例が記録されている．この武田が調査した1971（昭和46）年の事例が最後の土葬であった．その後，火葬になると同時に前火葬が行なわれるようになった．

最後の土葬であった1971年の死者の場合のタイムテーブルは次のとおりである．

死亡当日		死亡翌日		三日目			
9:00 死去	15:00 枕経 13:30 葬具作り―――	8:00 知らせ 買物	18:00 通夜	8:00 湯灌 入棺 穴掘り	13:00 葬儀 出棺・野辺送り 墓地で引導渡し	14:30 埋葬	19:00 念仏

また，前火葬であった1997年の死者の場合のタイムテーブルは次のとおりである．

死亡当日	死亡翌日			三日目	四日目	五日目		
死去	湯灌 入棺	通夜	13:30 火葬場へ 骨拾い	日が悪かった		13:00 葬儀 出棺・野辺送り 埋葬	16:00	19:00 念仏

土葬から火葬へと遺骸処理の方法は変化したが，前火葬を選択したことによって葬儀，出棺，野辺送り，埋葬までのプロセスは土葬のときと同じように維持継承されていることがわかる．

〈事例3〉 三重県鳥羽市松尾町[7)]

野村史隆氏によって，鳥羽市松尾町の1966（昭和41）年と1989（平成元）年の葬儀の事例が記録されている．この松尾町では，1975（昭和50）年頃が伝統的な土葬から火葬への変化の頃で，調査対象となった組では，1976（昭和51）年の死

者から火葬へと変わった．そして火葬になると同時に前火葬が行なわれるようになったが，ここでも葬儀，出棺，野辺送り，埋葬までのプロセスは土葬のときと同じように行なわれていることがわかる．またヨボシゴと呼ばれる擬制的親子関係にある子供が親の土葬のときには墓穴掘りと埋葬を行なってきたが，火葬になってからも親の焼骨を埋める役割にあたっているのも注目される．

土葬　1966（昭和41）年の死者の場合

死亡当日	死亡翌日	三日目	四日目
死去 枕経・枕念仏	葬具作り 通夜念仏 添い寝	未明　鉦叩き 11：00 墓穴掘り 13：00 葬儀 出棺・野辺送り・土葬	8：00 岳参り* 巫女寄せ 12：00 精進落とし

＊岳参りは，この地方に広く行なわれている霊送りの習俗の一つで，朝熊山の奥の院に爪，頭髪を納めにいくものである．そのとき，握り飯，たくわんを弁当にしてお参りをする．

前火葬　1990（平成2）年の死者の場合（図1.1）

死亡当日	死亡翌日	葬式当日	葬式翌日
死去 北枕	湯灌・納棺	8：30 火葬 11：00 墓穴掘り 13：30 出立ちのお経　寺へ移動 14：30 寺本堂で告別式 　　　野辺送り・埋骨	朝参り 岳参り 巫女寄せ 精進落とし

　以上，事例1（島根県能義郡広瀬町），事例2（山形県東置賜郡高畠町時沢），事例3（三重県鳥羽市松尾町）の三つの事例は，いずれも土葬から火葬に変わったときに，前火葬が選択された事例である．つまり前火葬が選択された場合，葬儀のタイムテーブルは変わらず，土葬の頃の遺体が火葬の遺骨に変わっただけで，出立ちの儀礼，野辺送り，埋葬（埋骨）までほぼ同じ儀礼内容が維持されてきていることがわかる．棺から骨箱や骨壺に変わっても，家族・親族そして組の人などによって墓地までの野辺送りが行なわれている点が注目される．
　遺骨での野辺送りを重視している地域では，野辺送りこそ葬式の大切な部分だという認識が共有されているものと観察される．
　3）小　括　前述（p.14）の①から③までいずれも地区ごとに前火葬と後火葬

図 1.1　骨箱での野辺送り
写真，位牌，骨，水持ち，松明が続く（三重県鳥羽市松尾）(『資料集成』
西日本編1，p.82).

との選択が行なわれているが，これらのことから，指摘できるのは以下の点である．

(1) ①の土葬が行なわれていた事例で，前火葬が選択されている10事例のうち8事例が遺骨を墓地まで運ぶ従来通りの野辺送りが維持されていた（残りの2事例では四十九日に納骨したため野辺送りはなかった）．

(2) ②の野焼きの伝統が長かった集落においては，葬儀を終了してからでないと，遺骸を火葬にできないという規範的意識が強い．たとえば，岐阜県の野焼きの伝統が長かった集落の事例では，過疎化が進む集落であるが，親を残して転出した家族が死んだとき，葬式は親の家で行ないたいと希望するようなときには，葬儀を営む前に火葬にし，骨壺だけを棺に納めて（または棺を用いず）行なう．このような葬儀を「カラゾウシキを出す」と言う[8]．この場合，会葬者参集の，自宅から葬列を組み寺の広場で葬礼を行なうやり方は通常の葬儀と変わらないという．このカラゾウシキという表現に，本来，遺骸があってこその葬式だという意味が込められているといえる．この点は，土葬だった集落が公営火葬場の利用開始とともに，早くから前火葬に移行した事例が多かったのと対照的である．前火葬は1事例（青森県下北郡，曹洞宗）だけで，残りの9事例はすべて後火葬である．宗派のうえでは浄土真宗が7事例，曹洞宗が2事例である．

(3) ①から③の，後火葬が選択されている事例では，葬儀終了後，霊柩車まで

葬列を組む例もあるが，すぐに霊柩車に乗る例も多く，野辺送りの省略化が特徴的である．また，①の土葬→後火葬に変化した15事例についてみると，土葬のときは葬儀当日に埋葬されていたのが，焼骨(しょうこつ)になってからは，当日納骨・埋骨は4事例のみとなった．翌日納骨が2事例，7日目に納骨が1事例，49日納骨（1事例のみ35日）が7事例，（納骨日の記述なしが1事例）であり，いずれもA（血縁的関係者）が中心となって行なわれている．

（4）1965（昭和40）年以降，比較的早い時期から公営火葬場の利用が行なわれていた集落では，当初より前火葬が選択されているケースと，当初より後火葬が選択されているケースとの両方がある．このうち，当初より前火葬を選択している事例では，1960年代の葬儀においても1990年代の葬儀においても遺骨での野辺送りが行なわれている例が多かった．それに対し，当初より後火葬を選択している事例では，葬儀後，葬列は霊柩車までの簡略化されたかたちもしくは葬列なしであり，火葬をした後の納骨は四十九日や三回忌などに家ごとに行なわれている．

以上により，もともと土葬が行なわれていた地域における前火葬では，遺骨であっても葬儀を行なうまでは霊魂があるものとみなし，遺骨での野辺送りをして墓に納めることが重視されている．それに対して後火葬では，葬儀を経てはじめて遺骸から霊魂が分離するのだと考え，遺骸での葬儀が重視されている．前火葬と後火葬との選択には，それぞれ異なる霊肉分離の観念が反映されているものといえる．

なお，次の1.2節で述べるように，その後の調査では公営火葬場の都合（早朝の予約による前火葬）によるほか，葬儀社が「前火葬にしますか，後火葬にしますか」と喪主に聞き，喪主は短時間での葬儀を優先し，前火葬を選択する例がほとんどとなっている地域もある（たとえば三重県志摩郡や鳥羽市の例）．このような葬儀社による時間短縮型葬法としての前火葬の提案や，自宅葬からホール葬へという葬儀の場の変化によって，1990年代の調査で特徴的であった遺骨での野辺送りが急速に廃止されてきているのが2010年代現在の動向である．

c. 土葬や野焼きから公営火葬場の利用への時期差と地域差

1960年代まで伝統的であった土葬の習俗がその後，1990年代にかけて火葬へと大きく変化してきた．古くから火葬であった地域でもそれまでの地区ごとの露天

の火葬場で当番の者が一晩かけて藁や薪で遺体を焼いていた方式が失われ，新たな重油などの火葬炉を備えた公営火葬場での火葬へと変化してきている．土葬から火葬へという変化は公営火葬場の建設と連動しているのであり，野焼きの火葬から公営火葬場での火葬へという変化と同じような動きともなっている．その公営火葬場の建設とそれに対する地元社会の対応には日本列島各地でそれぞれ地域差が認められる．それは，『資料集成』において調査対象となった葬式組内での死者の遺体処理方法について，土葬か火葬かを全員分記載する欄があるが，それをみるとよくわかる．

同じ組内で，いっせいに旧来の土葬や火葬からその新しい公営火葬場の利用を始めた事例もあれば，しばらくの間は新旧の両者が併行した事例などさまざまである．

1) 公営火葬場利用にいっせいに変化した例　福井県三方郡美浜町の調査事例では，1965（昭和40）年6月に美浜町営火葬場が運転を開始すると，野焼き（曹洞宗）も土葬（天理教）もなくなり，1967（昭和42）年8月の死者以降すべて町営火葬場を利用するようになった[9]．

香川県大川郡長尾町の調査事例では，長尾町内には30カ所の露天式火葬場があったが，1959（昭和34）年に長尾町東尾崎の人びとが，露天式火葬場は非衛生的なので，炉式火葬場を設置してほしい旨の要望を出したことが契機となり，1960（昭和35）年3月に長尾町尾崎火葬場が建設された．調査地は，浄土真宗の集落で，1969（昭和44）年8月の死者までは同行によってガンゼン堂での火葬つまり露天での野焼きであったが，1973（昭和48）年7月以降は町営火葬場の利用となっている[10]．

岐阜県揖斐郡坂内村大字広瀬の調査事例では，曹洞宗の集落で，1974（昭和49）年10月11日の死者までが集落での伝統的火葬であった．湯灌をした近親者が焼き番もつとめる．焼き番は5，6人で，山着に縄帯を巻き，入棺のときと同じ服装で行なう．炉のなかの桟の上に棺を載せ，その下段に薪を入れて燃やす．骨になるまで薪を補給する．午後4時から7時半〜8時までの3時間半から4時間かかる．焼いている間，酒と肴（缶詰），焼き終わって家に戻ると魚肉つきの特別の膳で食事をする．翌朝，喪主と近親者数名で焼骨を箸渡しで，竹製の籠に収める．調査者の松岡浩一氏によれば，村内4地区にはサンマイでの野焼きを廃して後（何

表1.6 岐阜県揖斐郡坂内村の事例（松岡浩一氏調査『資料集成』東日本編2，p933）

番号	性別	死亡年月日	年齢	死亡場所	土葬・火葬	葬祭業者利用の有無
(1)	男	昭和37.3.10	71	家	伝統的な火葬	無
(2)	女	昭和38.8.6	87	外出先	伝統的な火葬	無
(3)	女	昭和42.3.19	53	家	伝統的な火葬	無
(4)	男	昭和45.4.8	67	家	伝統的な火葬	無
(5)	女	昭和46.2.7	77	病院	伝統的な火葬	無
(6)	男	昭和46.12.13	76	家	伝統的な火葬	無
(7)	女	昭和48.3.27	86	家	伝統的な火葬	無
(8)	女	昭和49.9.21	82	家	伝統的な火葬	無
(9)	男	昭和49.10.11	73	家	伝統的な火葬	無
(10)	男	昭和54.11.14	92	家	村営火葬場で火葬	一部分農協関与*
(11)	女	昭和57.9.25	79	家	村営火葬場で火葬	一部分農協関与
(12)	男	昭和60.1.19	82	家	村営火葬場で火葬	一部分農協関与
(13)	女	昭和62.12.1	69	家	村営火葬場で火葬	一部分農協関与
(14)	男	平成1.11.29	78	家	村営火葬場で火葬	一部分農協関与
(15)	男	平成2.5.16	75	家	村営火葬場で火葬	一部分農協関与
(16)	男	平成3.2.8	87	病院	村営火葬場で火葬	一部分農協関与
(17)	女	平成3.2.10	88	家	村営火葬場で火葬	一部分農協関与
(18)	女	平成3.5.22	68	病院	村営火葬場で火葬	一部分農協関与

*農協に祭壇や幕，棺セット，香典返しの品物などを頼んだ．

年かは記述なし）に，薪燃料による火葬炉が作られたが，効率が悪く，臭気が集落に立ち込めるなどの環境問題が生じていたため，その4地区の火葬場を廃止し，1カ所に統合して村営火葬場を新設することになった．坂内村では，1976（昭和51）年4月に村営火葬場が新設されると，その後，この集落では1979（昭和54）年11月の死者からすべてこれを利用するようになった（表1.6）[11]．

また，大分県東国東郡安岐町の調査事例では，1963（昭和38）年まで土葬であったが，1965（昭和40）年に町営火葬場が設置されると，この調査対象地区では1966（昭和41）年1月の死者からすべて火葬に変化した[12]．

2）緩やかに変化した例　このようにいっせいに公営火葬場の利用に変わる事例がある一方，島根県能義郡広瀬町の調査事例では，1969（昭和44）年1月の死者から1987（昭和62）年1月までの死者14人のうち，土葬と火葬がそれぞれ7人ずつとなっており，1989（平成元）年以降はすべて火葬になったというように，比較的長い時間をかけて土葬が行なわれなくなり新たに火葬が定着していくというケースもある．広瀬町には火葬場はなく，1982（昭和57）年5月1日に安

来市,広瀬町,伯太町の1市2町による新しい広域斎場ができたが,それ以前は安来市の市営火葬場(大正時代に建設)を利用していた.また,調査者の喜多村理子氏によれば,「伝統的に土葬を行なってきた地域である.調査地では,火葬が始まり出したのは昭和40年代に入ってからであるが,本人の希望により土葬も長く続き,最後の土葬の事例は昭和62年であった.たった9軒ほどの同じ組内においても,約20年のひらきがある.70歳以上の人に,火葬についての感想を聞くと,「火葬の方が仏の位が上がるらしいと聞いた」と火葬を肯定的にとらえる人と,火葬に抵抗感を感じつつ「これも時代の流れだ」と諦めている人の両方がいる」という[13].

また,静岡県磐田郡佐久間町の調査事例でも,土葬から火葬への移行は1985(昭和60)年に佐久間町と水窪町の共同斎苑が設置されてからで,この調査時点においても「現在は大半が火葬であるが,道路事情により,土葬のところも村方に残る」[14]とあるように,家ごとの事情によることがわかる.

また,福井県三方郡美浜町では1974(昭和49)年,香川県大川郡長尾町では1973(昭和48)年,岐阜県揖斐郡坂内村大字広瀬でも1974(昭和49)年,大分県東国東郡安岐町では1965(昭和40)年以降公営火葬場の利用に変化した.時間をかけて火葬が定着していった島根県能義郡広瀬町でも昭和40年代に入ってから公営火葬場の利用が始まったというように,伝統的な土葬や火葬から公営火葬場の利用への転換時期としては,昭和40年代が一つの画期であったことがわかる.そして,平成年代に入るとそれらが老朽化してあらためて最新の火葬場施設が再建設されてきているのが現状である.

従来は地域社会内部の相互扶助的な労働提供で,葬儀も遺体処理もすべて行なわれてきていたのが,自治体によるサービス提供としての公営火葬場利用へと変化した.そして地域によって農協か葬儀社かという選択はあるものの,葬儀執行のうえで,いわゆる商品的選択が行なわれてきているのである[15].

d. 野辺送りと白装束(白色の根強い伝承力)

1) 明治になって導入された西洋の黒い喪服 現在,葬儀の場にふさわしい服装は,男女とも黒い喪服と一般的には認識されているが,日本では1878(明治11)年の大久保利通の葬儀(準国葬)において参列者に「上下黒色礼服」着用が通達されたのが葬儀における黒色の着用の早い例である.また陸海軍においても,1879

(明治12) 年に「陸軍会葬式」「海軍会葬式」が公布され，護送及び会葬の人は礼服を着用し，一片の黒布をもって左腕に巻いて喪章とすることとなった[16]．

また，1883 (明治16) 年の岩倉具視の国葬から1909 (明治42) 年の伊藤博文の国葬まで計9回の国葬が行なわれたが，その都度，参列者に対して服装心得が出され，礼服着用と黒喪章が定着していくこととなった．

1897 (明治30) 年1月11日に亡くなった英照皇太后の大喪では，その葬列を見送る人びとの多くが西洋の礼服に黒喪章をつけた参列者たちの姿に目を奪われたといい，「西洋の礼装と黒という喪の色との結びつきを多くの国民に示すことになった」[17]．英照皇太后の崩御の後，国民は30日間，喪に服することになり，内閣より喪章をつけることが告示されたが，そのなかで，やはり黒色の服の着用，礼装でない場合でも和服では左肩に黒布をつけるなどが示された．1912 (明治45) 年7月30日に明治天皇が崩御すると，国民は1年間喪に服することとなった．和服の場合は左胸に蝶形結びの黒布をつけ，洋服の場合は左腕に黒布をつけることが示された．

こうして，明治になって，軍人の葬儀や国葬・大喪を通して，それに参列して黒喪章を着ようした上流層の人びとだけでなく，一般の人びとの間（東京）でも1987 (明治30) 年の英照皇太后の崩御と30日間の服喪および1912 (明治45) 年の明治天皇の崩御に伴う1年間の服喪期間に黒色の喪章を身につけることによって，黒＝西洋の喪の色という新しい色認識と喪服の文化が浸透していくことになったのである．

一方，1932 (昭和7) 年1月の『主婦之友』の付録の「主婦のぜひ心得べき礼式作法辞典」に収録されている「服装に就ての心得一切」には，婦人の正しい喪服は「両親・夫等の近親者の場合は，白無垢を用ひます」とあり，この読者層であった都市の中流層の女性たちの間では，A：血縁的関係者のうち両親や夫などとくに近い関係の者の死には，白無垢を着用するのが正式とされていたことがわかる．この昭和初期においては，上流層では黒紋付の無地，中流層では白無垢を正式とする二つの規範が併存していたことが指摘されている[18]．そして，上流の葬儀における喪主の素服着用は昭和前期まで続いていたことも指摘されている[19]．死者に最も近い存在の喪主は，黒色の喪の表象ではなく伝統的な白色の「死の表象」のスタイルを維持していたと考えられるのである．

2) 白色の根強い伝承力　　『資料集成』にみえる葬儀において，白装束を着用するという事例としては，1960年代には12事例，1990年代で8事例が確認できる．いずれも白装束を身につけるのは，基本的に，喪主および喪主の妻，そして死者の子どもや孫や甥など，A：血縁的関係者のなかでも死者に近い人である点が共通している．白装束の着用が地域社会では根強く維持されている例が少なくないことが注目される．また，首に白布をはさんだり，つけたりする習俗，および白い被り物，男性が頭につける白い紙製の三角形も被り物の一種と考えられるが，それらを身につける習俗もあわせて，1960年代では26事例，1990年代では20事例が報告されている（表1.7）（図1.2）.

表 1.7　喪主やA：血縁的関係者が白色を身に着ける事例

1960年代			1990年代		
白装束	襟にはさむ 首に巻く	被り物	白装束	襟にはさむ 首に巻く	被り物
12	4	22	8	5	15

国立歴史民俗博物館（1999・2000）『死・葬送・墓制資料集成』より

図 1.2　白装束の喪主の妻
膳を持って葬列の先頭をいく（滋賀県甲賀郡水口町山上）（『資料集成』西日本編1, p.110）

黒色の喪服になるのと連動して，頭に三角形の印の布をつけることが廃止された事例（福井県三方郡美浜町，大阪府高槻市）もあるが，略式礼服になっても喪主は三角形の白い布を頭につけたり女性も白の三角布をつける（宮城県牡鹿郡女川町），喪主は礼服になっても三角形の印の布とトンボゾウリをはく（香川県三豊郡詫間町），など，白色をまったく排除するのではないことが注意される．また，各地域の葬儀社が白装束や頭につける三角形の布印を提供している事例（石川県七尾市，香川県三豊郡詫間町など）もある（表 1.8）．このことから，1990 年代ではまだまだ，とくに死者と密接な関係にある A：血縁的関係者には，死の表象である白色を身につけることが根強く伝承されていることが確認される．

(2) 葬送儀礼の変化と霊魂観の変化
a. 多様な魔除けの伝承

1960 年代と 1990 年代の葬送儀礼の担い手 A, B, C の役割分担の変化，すなわち C の関与の増大化に伴って葬送のうえでいくつかの儀礼の省略化が進行していることがわかった．そのような儀礼の省略化の進行は，死者の霊魂に対する観念の変化にもつながっている可能性がある．それについて若干の追跡を試みておく．

『資料集成』に報告されている魔除けの伝承に注目してみると，これには二つの種類があることがわかる．一つは，死者の霊魂を魔物から守る意味の儀礼であり，もう一つは生者の生命力を死霊や死穢から守る意味の儀礼である．

死者への魔除けとしては，「キレモノを置いてホトケサマを守ってやらなければ魔物が（地獄などの）悪いほうへ連れてっちもうので，極楽へ行けるように刃物で守ってやるのだ」[20]（山梨県富士吉田市東南部）），「死者の着物を上下逆において，さらにその上に，魔除けとして鎌と藁ホウキをのせる」[21]（島根県能義郡広瀬町）．通夜には「「トギする」といって，遺族，親類が交替で死者のそばで寝ずの晩をする．その間蠟燭と線香の火を絶やしてはならない．絶やすと，魔ものが死者によりつく」（同島根県）などと，「魔物」という表現で死者に取りつく悪い霊が存在することが言い伝えられてきており，死者が魔物にとられないように刃物をおくという伝承は 1960 年代にも 1990 年代にも継続して広くみられた．また，「猫が死者の上を歩くと生き返る」など，死者の安置されている座敷に猫を入れないという猫に関する禁忌や死者を一人にしてはいけない，通夜に A が死者の添い

1.1 『死・葬送・墓制資料集成』にみる葬儀の変化

表 1.8 白装束についての主な伝承

白装束および被り物の主な伝承内容	調査地
喪主は紋服の上にシロ（晒で縫った着物），下駄．家族も男は同様．女性はフロシキ（晒）を被る．親兄弟の着るシロは長い着物なので通夜の日に作る．その他の人のシロは羽織丈で前に使用したのを着る（S42, H8）	青森県下北郡東通村 しもきたぐんひがしどおりむら
喪主と家族，（親族）は黒の礼服にシロ（首の後ろに白い晒をはさむ）（S31, H元）	青森県八戸市 はちのへし
喪主と遺骨・遺骸を持つ男性は紋付袴，草鞋．ヒタイカクシ（△の白い布）を頭につける．近親の女性もナミダカクシ，アタマカクシと呼ぶ白い晒で頭髪を覆い，その端を口にくわえる（S38）．略礼服，頭にヒタイカクシ，娘や姉妹はナミダカクシ，アタマカクシと呼ぶ白の三角布をつける（H8）	宮城県牡鹿郡女川町 おしかぐんおながわちょう
喪主は白の裃と袴，素足に白の藁草履．妻も白の長着物，素足に履物（S41, H9）	愛知県海部郡八開村 あまぐんはちかいむら
「白衣」と指定されたらフワフワと呼ばれる白衣を着用するのが本来だった（S37）．霊柩車で村営火葬場にいけるようになりフワフワの者も混じっている（H3）	岐阜県揖斐郡坂内村 いびぐんさかうちむら
喪主は白装束（白の羽織袴）・竹草履，妻も白装束（S36, H元）	富山県砺波市 となみし
喪主・喪主の妻は白い着物（女性は戦前角隠しを被った）（S33）．喪主は白袴，白着物，白足袋，白い鼻緒の草履（葬儀屋 JA が用意したのを着用）（H9）	石川県七尾市 ななおし
喪主は羽織袴，三角マンジ着用，草鞋．妻は白い着物をカサマイに着，苧の縄で巻く（S28）．喪主は黒の喪服，黒靴．三角マンジはつけず草鞋を手に持つ．妻は喪服．△紙もなし（H11）	福井県三方郡美浜町 みかたぐんみはまちょう
白の晒で作った着物と袴を着用し，額には白の△をつける．アシナカ草履（S41）．H2 も同様．ただしアシナカは白い鼻緒の草履に	三重県鳥羽市 とばし
喪主は白装束，藁草履，妻は白装束，藁草履に杖を持つ（H10）	滋賀県甲賀郡水口町 みなくちちょう
喪主と濃い親族二人は喪服の上に墓いきの白い法被，腰に藁草履を吊る（H10）	奈良市
喪主と死者から血の濃い親戚二人の三役は，白色の長襦袢，麻の裃，片方の袖だけ襷掛け，頭に梵字を書いた△紙を巻く．草履（昔は草鞋）．親戚は男女とも白色の着物（S37）．H11 には男性は礼服，女性は黒の着物（喪服）に変化	大阪府泉佐野市 いずみさのし
喪主は紋付羽織袴，頭に△をつけ，トンボゾウリ（足半草履）を履く（S33）．H11 礼服など，洋装になったが葬儀社が用意する△をつけ，トンボゾウリを履く	香川県三豊郡詫間町 みとよぐんたくまちょう

（ ）内は調査対象事例の年
国立歴史民俗博物館（1999・2000）『死・葬送・墓制資料集成』より

寝をする，線香と蠟燭を絶やさない，などという禁忌もよく守られていた．

一方，それに対し，死霊に生者がヒッパラレルのを防ぐための死霊と生者との絶縁儀礼としては，同齢者が死亡した場合に餅やおにぎりなどで耳をふさぐ耳ふさぎの習俗や，湯灌を行なう者が藁縄などを着用する作法，墓穴掘り役の者にふるまわれる穴掘り酒や握り飯，出棺に際して力飯を食べる出立ちの膳など，米の力で生者の生命力を強化補強するものと解釈できるさまざまな儀礼，また，出棺のときに門口で茶碗を割る儀礼やAによる引っ張り餅の儀礼など，死者がこの世に未練を残さないようにという絶縁の儀礼は1960年代までは広く各地に行なわれていたが，1990年代では葬儀の担い手および土葬から火葬への変化や野辺送りなどの儀礼の省略に伴って急速に失われつつある傾向にあった[22]．

ここで注意されるのは，死者の霊を魔物から守る儀礼は比較的よく残っているのに対し，生者を死霊から守る意味の儀礼が急速に省略化されてきていたという点である．生者を死霊から遮断し両者の絶縁を意味する諸儀礼が必要とされたのは，強く死霊を恐れる観念が存在していたからだと考えられるが，それが1960年代から1990年代にかけて省略化されてきているということは，この約30年間という時期に古くから伝えられていた死霊畏怖の観念，不気味な死穢の力についての観念などの急激な希薄化という現象が広く静かに起こっているものと推測された．

b. 生死の中間領域の縮小化

1960年代から1990年代までの葬送の変化として指摘できることは，Cのなかの葬祭業者の関与の増大と公営火葬場の利用による遺体処理の迅速化という2点である．葬送儀礼や遺体処理の作業がAやBの手から離れてCの手へと移ってきたことと遺体処理の迅速化とは，すなわちAの人びとが死者と密着する時間と空間の縮小化，つまり，生死の中間領域の縮小化を意味する．出立ちの儀礼や野辺送りなどの葬送儀礼の省略化が進むなかで，霊魂観念についても死霊畏怖の観念の希薄化と死穢忌避の観念の希薄化が進行している．とくに，死者の霊魂を魔物から守る意味の儀礼は残っているものの，生者を死霊から守る意味の儀礼は行なわれなくなってきているのである．

この死霊畏怖の観念の希薄化の背景には死の領域におけるCともいうべき病院の介入という問題が考えられる．たとえば『資料集成』から1960年代と1990年

表1.9 葬儀の場所

	1960年代	1990年代
家	54	51
寺	1	1
集会所	0	1
葬祭場	0	3
未調査	3	2
合計	58	58

国立歴史民俗博物館（1999・2000）『死・葬送・墓制資料集成』より

代の死亡場所についてみると，1960年代には在宅死が39例，病院死が12例であったが，1990年代には病院死が33例に増加している．死とは伝統的に肉体からの霊魂の遊離とみなされてきたのとは異なり，個人の生命の終焉とみなされるようになってきている．

『資料集成』にみる葬儀の場所は，ほとんどが自宅葬であった．（表1.9）しかし，この後，2000年以降においては，自宅での葬儀から葬祭場でのいわゆるホール葬へと大変化していった．そのなかで，ますます葬送儀礼の省略化とCの葬祭業者主導の迅速化された葬儀へと変化してきているのである．

注

1) 井上治代（2003）墓と家族の変容，岩波書店．
2) 新谷尚紀（2015）葬儀は誰がするのか，してきたのか？ ―血縁・地縁・無縁の三波展開―．盆行事と葬送墓制（関沢まゆみ，国立歴史民俗博物館編），p.58，吉川弘文館．
3) 竹内利美（1992）宮城の冠婚葬祭．河北新報社．
4) 鈴木岩弓（2013）東北地方の「骨葬」習俗．鈴木岩弓，田中則和編．
5) 喜多村理子氏調査：資料集成西日本編1．
6) 武田正氏調査：資料集成東日本編1．
7) 野村史隆氏調査：資料集成西日本編1．
8) 松岡浩一氏調査：資料集成東日本編2．p.920．
9) 金田久璋氏調査：資料集成西日本編1．
10) 太郎良裕子氏調査：資料集成西日本編2．
11) 松岡浩一氏調査：資料集成東日本編2．
12) 小玉洋美氏調査：資料集成西日本編2．
13) 前掲注5．
14) 中山正典氏調査：資料集成東日本編2．

15) 新谷尚紀（2004）葬送習俗の変化．現代宗教死の現在（国際宗教研究所編）．
16) 「護送及ヒ会葬ノ人ハ礼服ヲ着シ一片ノ黒布ヲ以テ左腕ヲ結束シ楽器ノ紐及ヒ革或ハ行列中ニ掲持スル旗旒モ皆ナ黒布ヲ蓋ヒ以テ喪章トス」．内閣官報局編（1975）法令全書第十二巻ノ一（復刻版），p.184，原書房．
17) 梅谷知世（2011）近代日本における葬送儀礼の装い―黒の浸透と白の継承―．葬送の装いからみる文化比較 服飾文化共同研究最終報告（増田美子ほか），p5．
18) 前掲注17，p.10.
19) 前掲注17，p.12.
20) 堀内真氏調査：資料集成東日本編2．
21) 喜多村理子氏調査：資料集成西日本編1．
22) 関沢まゆみ（2002）葬送儀礼の変容―その意味するもの―．葬儀と墓の現在―民俗の変容―（国立歴史民俗博物館編），吉川弘文館．

参考文献

井上治代（2003）墓と家族の変容，岩波書店．
国立歴史民俗博物館編（1999）死・葬送・墓制資料集成東日本編1, 2．
国立歴史民俗博物館編（2000）死・葬送・墓制資料集成西日本編1, 2．
国立歴史民俗博物館編（2002）葬儀と墓の現在―民俗の変容―，吉川弘文館．
鈴木岩弓，田中則和編（2013）生と死（講座東北の歴史6），清文堂．
関沢まゆみ，国立歴史民俗博物館編（2015）盆行事と葬送墓制，吉川弘文館．

1.2 土葬から火葬へ
―地域ごとの展開―

　昭和40年（1965）頃から公営火葬場の設営とその利用によって，またさらに平成（1989）になると老朽化したその旧式の火葬場の改築によって高度な火葬技術を有する新型火葬施設が各地に造られていった．青森県や秋田県や岩手県などでは比較的早く昭和30年代に土葬から火葬への変化がみられたが，その一方，熊本県や鹿児島県などでは墓地の狭隘化や高度経済成長期の若年世代の県外流出によって昭和40年代に土葬から火葬へと変化していった．
　厚生労働省大臣官房統計情報部『衛生行政業務報告』によれば，1962（昭和37）年に火葬の割合は67.4％であったのが，1978（昭和53）年には89.5％となり，その後2000年以降は火葬がほぼ100％となってきている．そうしたなかで比較的遅

図 1.3 土葬（栃木県芳賀郡市貝町田野辺）

くまで土葬が残っていた地域の一つが近畿地方の農村部である．そしてその一帯の特徴の一つとしては，遺体埋葬墓地と石塔墓地とを別々に設営する両墓制が分布することで知られてきた．火葬の普及に伴って，その両墓制がどのように変化したのかについて，ここではみていくこととする．

国立歴史民俗博物館編『死・葬送・墓制資料集成』には全国 58 地点の調査記録が集成されているが，そのうち 1990 年代においてもまだ土葬が行なわれていた調査地が，岩手県下閉伊郡（1994（平成 6）年）の事例），福島県白川郡（1994（平成 6）年の事例），山梨県富士吉田市（1991（平成 3）年の事例），滋賀県甲賀郡水口町山上（1998（平成 10）年の事例），奈良県奈良市（1998（平成 10）年の事例），高知県高岡郡（1994（平成 6）年の事例），の 6 カ所あった．また，筆者が調査を担当した栃木県の農村部でも 1997（平成 9）年の調査時点で 1960 年代の葬儀と比べてとくに変化した点がなく土葬が行なわれていた（図 1.3）．ところが，その平成 9〜10 年の調査対象地域がその後 10 年あまりの間に，すべて土葬から火葬へと変化した．

(1) 東北地方の火葬への変化は遺骨葬への変化
―野辺送りと霊送り習俗の維持―

東北地方で土葬から火葬へと変化した時期は案外早かった．たとえば，1933（昭

和8)年の『旅と伝説』6-7（誕生と葬礼号）の東北地方の報告はほとんどが土葬である．そのなかの，「埋葬はだんだん減って行く，火葬後葬儀を行ふのもある」（秋田県大曲町，p.43）という記述や，『能代市史　特別編　民俗』に1917（大正6）年生まれの男性の話で，羽立の「焼け場」で行なわれた火葬について，「自分の子どものころは土葬であった．昭和に入ってから火葬がおこなわれるようになった…（中略）…骨になると瓶に入れて家に持ち帰り，葬式をして墓場に埋めた」[1]などの記述が注目される．火葬＝遺骨葬という方式が，早い時期から採用されていた可能性がうかがわれるのである．また，昭和40年代以前の葬送習俗についての報告資料情報を集めて記されている『東北の葬送・墓制』には，「通夜は一晩ばかりでなく，二晩以上のこともある．青森県相内（市浦村）では，亡くなった晩から身内・知人・近隣の人たちによって通夜が行われ，納棺後も葬式の前の晩まで行われた．しかし土葬であったころは，死後長く置くわけにもいかず，通夜も二晩ぐらいが普通であった」[2]とあり，すでに土葬は行なわれていなかったことがわかる．

　青森県や秋田県では，野辺送りのときに，遺骸とは別に霊魂を墓地に送るアトミラズと呼ばれる習俗が伝承されている地域があることが知られている[3]．嶋田忠一氏がそのアトミラズの伝承で注目した秋田県山本郡三種町では，昭和30年代のはじめ頃に土葬から火葬へと変化したが，葬儀の前に火葬を行なう方式が採用されていたため，自宅から墓地への野辺送りもアトミラズ習俗も維持されてきていた．アトミラズとは，「後ろを見ない」という意味であるが，葬列が出る少し前に，この役目の男性1名が，五穀などを入れた頭陀袋をつけた筵を背中に担いで，一言も口をきかず，静かに喪家を出て，墓地の入口などにある決まった木の枝にその筵をかけて，また黙って喪家まで帰ってくるというものである．死者の遺骸（遺骨）と，死者の霊魂とは別であり，遺骸（遺骨）送りとは別に霊魂送りも行なう必要があるという考え方や観念がよく表れている習俗である．土葬から火葬へと遺体処理の方法が変わっても，葬儀，出棺，野辺送りという一連のことが旧来通りに行なわれていたために，アトミラズ習俗も継続されてきたものと考えられる（図1.4）．

図 1.4　アトミラズ（秋田県山本郡三種町）

(2) 九州・熊本県の火葬化と大型納骨堂建設

　九州地方では，昭和 40 年代になって土葬から火葬へと変化してきた地域が多い．それに伴って，墓地の景観が大きく変化した．土葬のときの墓地は一人に一基ずつ小型の墓石が建てられていたため墓石が林立するような景観であった．そこに墓域の狭隘化問題が起こってきていた．そこで墓域の拡張が望めないなかで，火葬化に伴って遺骨の処理の方法が模索され，一つの対応策として大型納骨堂の建設が一つのブームのようになっていった．また，墓地の衛生化や墓穴掘りや墓地の草取りなどの重労働の担い手である若年層の県外流出の動きなども，火葬化と大型納骨堂建設をセットで受容する背景となっていった[4]（図 1.5）．

　奄美大島田検集落の共同納骨堂　　九州地方の大型納骨堂建設が行政の関与のもとで行なわれたものか，住民の主体的な判断によって行なわれたものかは，まだ明らかになっていないが，1972（昭和 47）年に奄美大島本島の宇検村田検集落で共同納骨堂が建設されたときの経緯について，福ケ迫加那（「奄美大島宇検村における「墓の共同化」―田検「精霊殿」創設の事例から―」[5]）が分析を行なっている．1954（昭和 29）年の本土復帰後，宇検村では農業の衰退，若年層の関西方面への出稼ぎによる人口減少が著しかった．これは村全体の傾向であったが，そのなかで田検という集落でのみ共同納骨堂建設が提案された．その発端は，二人

図 1.5　大型納骨堂（熊本県菊池郡大津町下町）

の男性の発案（思いつき）にあったことが確認されている．その提案が「満場一致」で合意され，田検内のリーダーの存在と土地の無償提供，経費的には共有林の立木の売却と大阪や東京へ他出している人からの寄付金，そして地域の人々の労働力提供によって実現したのである．

　1972（昭和 47）年の建設当時，周辺集落に比べて人口減少率は低く，墓管理の代行や継承困難が危機的状況とまでは認識されていなかったとみられるなかで，合意が得られた背景には，「すでに存在する『無縁仏』，あるいは『無縁仏』になる可能性，そしてノウコツドウ造立に要する費用の軽減であり，加えて経済的格差の顕在化を望まない一部の集落民の意向が底流にあったと思われる」[6]と指摘されている．当時，火葬化に伴って納骨施設が必須となったときに，共同納骨堂による経済的負担の軽減が優先されたこととともに，もう一つ，満場一致で賛成が得られたという点も見逃せない．熊本県で共同納骨堂建設にあたっては「死んでまで村の人と一緒になりたくない」という住民も少数ながらいて，組合方式で納骨堂を建設，運営しているところもある．その場合，大きな納骨堂の周辺には家ごとの石塔が建立されている[7]．そこで，注意されるのは，この宇検村の地域の特徴として，毎月 2 回（旧暦 1 日と 15 日）の墓参の習俗の存在である．それと似たような例としては，鹿児島県甑島の墓地でもやはり盛んに朝夕の墓参りが行

なわれているが，そのとき，自分の家の墓だけでなく親戚の墓にも花を供え，線香をあげてお参りをしている．そこには先祖をたどればみんなつながるという意識がある．この田検でも，先祖をたどればつながるという意識から集落みんなの墓という共同感覚があったことも共同納骨堂建設へ全員一致で取り組み，いち早く実現したその背景にあったものと推察される．この田検の共同納骨堂建設は，二人の男性の発案で実現したという経緯と，建設にあたって公的補助金を受けていないということが明確であり，1970（昭和45）年の国の過疎地対策法によるとか，公営火葬場の稼働率を上げるためにということで行政が関与しているのではなく，住民たちが主体的に新しい火葬化に向けて対応したケースであった．

a．熊本県菊池郡大津町域の火葬化と3種類の納骨施設

1）火葬への変化　大津町でももともとは土葬が行なわれており，埋葬すると土饅頭を作り，その上に屋形と呼ばれる，いわゆる霊屋の類が据え置かれていた．当時の墓地の景観は，その霊屋が一面に広がっているものであり，およそ5年くらいしてこれが朽ちてくると一人ひとりに俗名を刻んだ小さい石塔を建てた．これが故人をしのぶ大切なしるしであり，お盆にお墓参りにきた人は個人の石塔に抱きついて泣いていた人もいたといわれている．大津町の町営火葬場は町の西の室地区に建設されているが1985（昭和60）年に改築されて，菊池市とも共同利用する新たな菊池広域連合大津火葬場になった．また，大津町の人たちはその一方で熊本市戸島の火葬場も古くから利用してきている．大津町では1972（昭和47），1973（昭和48）年頃，火葬が一般的に行なわれるようになったと記憶されている．その時代の変化を読むのが早かったのは，葬具の販売を行なっていた家だといい，錦野地区にあったその家では1967（昭和42）年に早くも納骨式の大型石塔を建てた．当時はまだ他の多くの家々では納骨式の石塔がなかったので，土葬のときと同じように，地面に穴を掘って遺骨を埋めて，その上に屋形を置いていたという．遅い例では，1988（昭和63）年の葬儀のときにもまだ旧来の方式で地面に穴を掘って火葬骨を埋めていた例があったという．

2）大型納骨堂の建設　大津町では，1967（昭和42）年に後迫の水月院という真言宗の古い寺院に大型納骨堂が建設されたのが早い例である．墓地が非常に狭隘化してきていたことと，山の斜面にそって作られている墓地の花立て用の竹筒から蚊が発生するなどして衛生面にも問題があったため，住職で役場職員でもあ

った先代が，各地の共同納骨堂を見学してきて，そのうえで組合形式で運営する納骨堂を建てることにしたという．その後，1975（昭和50）年に町内の灰塚，鍛冶，1976（昭和51）年に下町，迫の前の各地区において，それまで土葬であった墓地を掘り起こして整理し，大型共同納骨堂が建設された．

3） 大津町下町の大型納骨堂　　大津町下町の大型納骨堂は，1976（昭和51）年に建設された．40年後の現在，下町は76戸で，納骨堂を利用しているのはそのうちの50戸と区外在住者36戸の合計86戸である．この納骨堂の運営もやはり組合によっているが，区外在住者が年間5000円の維持管理費を滞納しないように集金を行なうのが組合長の主な仕事となっている．2015年の調査時点では，名義人本人の死亡や高齢化による管理費未納や共同納骨堂の壁が落ちる危険があるための改築の必要性，などの問題が起きていた．建設当時は過疎化や高齢化のなかで祀り手がいなくなってもずっと供養してもらえるようにという思いで共同納骨堂を選択したというのでは必ずしもなく，ただ，「これから火葬が増えていくという時代の雰囲気のなかで自然と納骨堂を建設した」のだという（坂本晋一さん（昭和22年生まれ））．

4） 納骨式・連結式石塔の建立　　また，石塔の下部に納骨スペースを設けるかたちで連結式の石塔を建設する集落の例もみられる．岩坂地区の阿原目の片山敬一氏（昭和24年生まれ）によれば，阿原目は18軒の集落で，道路沿いの山際に墓地がある．昔は個人の墓地がバラバラにあったが，昭和50年代になってから整理し，JAの紹介によって現在のような同じ形の納骨式の連結式石塔が建てられたという．また，寺崎も5軒で墓地を利用しているが，1983（昭和58）年に，火葬になった時，土葬の墓地を掘り起こして納骨式の同じ形の連結式の石塔にした（図1.6）．

ほかに上町の霊園の一つも，1976（昭和51）年に改装されて，いわゆる連結式の納骨形式の石塔が建てられた．浄土真宗門徒がよく用いる「俱会一処」と記された記念碑が建てられており，そこには「上町地区の霊場，尾の上墓地も絶佳の地に在りながらも，愈々狭隘となり更に拡張の余地もなく，将来之を如何にすべきかにつき私共地区民は幾回となく協議の結果，納骨堂建設の運びとなり，本年正月を期して着工今日茲にその竣工を見るに至った事は誠に喜びに堪えません．累代先祖の御霊よ，極めて質素な納骨堂ではありますが，どうか心安らかに永久

図 1.6 連結式石塔（熊本県菊池郡大津町寺崎）

にお眠りください」とある．そして，墓地加入者(35 名)の名前が連記されている．

b. 大型納骨堂と盆行事の変化—身近な死者から遠い死者へ—

熊本県下の盆行事のうちで注目されるものの一つが，墓参に際して墓地で先祖の霊とともに飲食を行なうという習俗である．民俗学ではそれについて早くから注目され報告されていた．たとえば，上益城郡御船町では，旧暦 7 月 13 日の夕方，精霊迎えで墓地にいくと，初盆の家では，提灯を飾り，墓の前に莚を敷いて，家族一同が精進料理や握り飯などの夜食を食べる[8]．上益城郡白旗村（現甲佐町白旗）では，13 日の夕方，墓地で大人も子供も花火をしたり，爆鳴を発して魔の近づくのを防ぎ，人々が集まって坊さんを招びお経を上げ，各戸より持ち寄った食物を一緒に食べる[9]．阿蘇郡坂梨村（現阿蘇市一の宮町）では，16 日の夕方に精霊を送っていって，初盆の家では墓の前にむしろを敷き，煮しめなどを作り持っていって夜遅くまで飲食をする[10] などという報告がなされている．

また大津町域においては，表 1.10 のように，初盆の家では 8 月 15 日の夜に，お墓にお参りにきた人たちにお煮しめなどの料理を出して，お酒やビールやお茶を飲んでもらう習慣が残っている地区もある一方，飲み物とおつまみだけに簡略化された地区もあり，また廃止されてしまった地区もある．昭和 40 年代前半に廃止された地区（中陣内）もあるが，その後も継承されてきた事例もあり，そのなか

表 1.10 大津町域における初盆の墓地での飲食習俗

地区名	墓の形態	初盆に際しての墓地での飲食習俗
錦野字御的 にしきのあざおまた	■	8月15日の夕方，墓地にお煮しめ，ビール，お菓子，ジュースなどを持っていって墓参にきてくれた人に「お手塩ですみません」といって食べてもらう．2006（平成18）年の初盆にお煮しめが出されたのが最後でその後は飲み物とちょっとしたつまみくらいに簡略化された（1943（昭和18）年生まれ女性）
錦野字上揚 かみあげ	■	1992（平成4）年頃までは初盆にはお盆の間，墓にテントをはって詰めていた．墓参にきてくれた人にビールやお茶，お煮しめなどをふるまったが，その後は，手渡しするだけになった（1935（昭和10）年生まれ男性）
下町 しもまち	●	土葬の頃は墓にシートを敷いて，お煮しめとビールで飲食をしたが，大型納骨堂（堂内は飲食禁止）になってからはお参りするだけになった（1955（昭和30）年生まれ男性）
灰塚 はいづか	●	8月15日に初盆の家は大型納骨堂に参る．その前の広場で，墓参してくれた人に缶ビールやお茶を出す．昔は各家で料理も出したが，いまは消防団が焼き鳥の屋台を出して売っている（1955（昭和30）年生まれ男性）
鍛冶 かじ	●	大型納骨堂に墓参した人に，ビールを渡すくらいである（1949（昭和24）年生まれ男性）
阿原目 あばらめ	▲	8月15日の夜，昔は墓地に提灯を灯して莫蓙を敷いて料理を出していた．花火もした．いまは乾き物と酒，ビール，お茶を出している．夜遅くまで飲む場合は初盆の家で続きを行なっている（1949（昭和24）年生まれ男性）
寺崎 てらさき	▲	8月15日の夕方，初盆の家は墓にシートを敷いて飲食をする．近年では2010（平成22）年にも行なわれていた．（1955（昭和30）年生まれ男性）
中陣内 なかじんない	■	昭和40年代前半までは，初盆の時に墓地にお参りにくる人を待っていて接待する習慣があった．煮しめや皿料理を出して，夜8時，9時まで語り合いながら飲食をした．子供は花火をして遊んだ（1955（昭和30）年生まれ男性）

■各家による大型石塔　　●組合による大型納骨堂　　▲複数戸による連結式石塔

では，大型納骨堂を建設した地区のほうが，連結式や家ごとの石塔を建設した地区よりも早く簡略化もしくは廃止されている傾向にある．

　たとえば，錦野の御的や上揚では，正月16日に先祖祭りというのが現在も行なわれている．お墓にお煮しめと黄粉餅などを入れた重箱を持って参り，墓前に焼酎もお供えして，墓地で夕方まで先祖とともにみんなで飲食する習慣である．御的の野田富貴子さん（昭和18年生まれ）は，小学生のころ，この先祖祭の日に学校から帰る途中，墓地のところを通ると，祖母たちがお酒を飲んで大騒ぎをしているのが恥ずかしかったという．それくらい当時は賑やかに行なわれていたことがわかる．この野田さんによれば，「昔は土葬の墓地で，墓参りをすると誰が見ても新しい埋葬なので屋形などで新盆の家がすぐにわかったが，火葬になって納骨

式の大型石塔になってからは新仏かどうか，なかなかわからなくなった」という．

　この地域では，お盆はもちろん，正月16日の先祖祭り，そして春の桜の季節の墓掃除とお花見，春秋の彼岸など，その折々にていねいに墓参りがなされ，地域によっては「先祖様にもちょっと食べてもらおう」ということで墓地で飲食をするという習俗が今も行なわれている．死者の霊魂は遺骸を埋葬した墓地にあり，その墓地こそが先祖と子孫との交流の場であるという感覚が根強く，それがこの地域の墓をめぐる習俗の特徴である．そのような死者と生者との墓地を媒介とした密着感，親近感という関係性が強く伝承されてきていた背景には，土葬という葬法と，屋形などの墓上装置と，死者ごとの個別の小型墓石，という三者をもって死者を個別に認識できてきていたことが重要であったと考えられる．しかし，それがいま，火葬となって遺骨となり，個別認識のできない大型納骨堂などへの納骨というかたちへと変化したことによって，「誰に話しかけていいかわからない」という違和感を語る人たちがいる（高本梢さん（昭和18年生まれ））．この地域における土葬から火葬へという変化は，地元の人たちにとって知らず知らずのうちに，死者との親近感や密着感という目に見えない感覚や観念をも根底から変えつつある大きな変化としてとらえることができる．

c．3種類の納骨施設

　以上，大津町では，火葬骨を納める大型納骨堂の建設が町内の後迫の真言宗の寺院水月院の境内に建設されたのが最初で，1967（昭和42）年であった．その後，灰塚と鍛冶に1975（昭和50）年に，下町と迫の前に1976（昭和51）年にそれぞれ大型納骨堂が建設された．「これから火葬が増えていくという当時の時代の雰囲気の中で納骨堂建設が行なわれた」と記憶されている．それは荒尾市域の例と共通しており，公文書は存在しないものの，行政的な働きかけが背後にあった可能性が大である．そして，火葬の普及に伴い墓地の変化に三つのタイプがみられた（図1.7）．第1は，個家別石塔の下部に大型の納骨施設を備えた大型石塔の建立，第2は共同利用の大型納骨堂の建設，第3はそれぞれの下部に納骨空間を備えて横に一つながりになった連結式石塔の建立，である．家ごとの費用の負担からみれば，第1が高額，第2がやや経済的で，第3が最も経済的である．第3は戸数の比較的少ない集落で選択されている傾向を指摘できる．

　また，火葬を採用してこれら三つの納骨方式を実現させていく過程で，旧来使

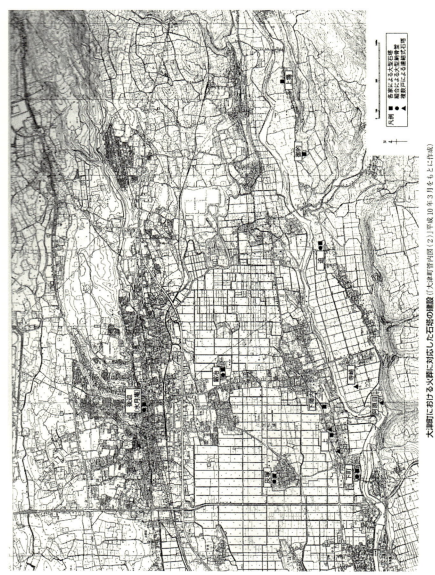

図 1.7　熊本県菊池郡大津町の 3 種類の納骨施設

用してきた墓地ではそれまでの土葬の遺体を掘り返してあらためて火葬にし直す作業が行なわれた．

墓を掘り返して遺骸を焼いた　各家では土葬の墓を掘り起こして，甕のなかの腐乱した遺体を取り出して焼いていったが，土中の甕に溜まった死体の油（体液）や髪の毛，骨化していない腐乱した状態の遺骸も少なくなく，大変気味の悪い作業であり，専門の人に頼んで行なうなどしたという強烈な記憶が鮮明に語られ伝えられている．「とても正気ではできない仕事」だったという．この作業には専門の人を頼み，日当も当時普通1000円のところを3000円に奮発して，朝から焼酎を飲んでもらってやってもらったともいう．そうして，火葬骨を納骨する施設を造ったのである．そこまでしたということ，するということからみて，これらの地域では遺体へのこだわりの強さ，遺体の処理ということが不可欠であり非常に重視されている，大きな意味を持っているということが指摘できる．筆者が長く調査をしてきている近畿地方の村落における両墓制の事例での遺骸へのこだわりのなさと比べて大きな違いがあることが指摘できる．

さらに，遺骸処理や遺骨の納骨場所の変化（大型納骨堂）に伴い，初盆にはただお参りにいくだけとなり，かつて故人を偲びながら墓地で個別の埋葬地点と小型墓石を前にして家族や親族で故人とともに飲食を行なっていた習俗が急速に消滅していったことから，人びとにとって死者との親近感や密接感という目に見えない感覚や観念にも大きな変化が起こってきていることが観察された．

(3) 火葬の普及と両墓制の終焉
a．2001年4月1日からいっせいに火葬へ—甲賀市水口町の事例—

滋賀県や奈良県の農村部では，近年まで土葬が行なわれてきていた．『資料集成』における滋賀県甲賀郡水口町山上（現甲賀市）の1998（平成10）年の葬儀の報告が米田実氏によってなされているが，1960年代以来，自宅での葬儀，野辺送り，土葬が変わりなく行なわれてきていたという．ところが，この3年後の2001（平成13）年に甲賀郡では伝統的な土葬からいっせいに公営火葬場の利用へという大きな変化が起こった．

1986（昭和61）年10月8日に甲賀郡内の水口町，信楽町，土山町，甲賀町，甲南町の5町によって甲賀広域斎場建設促進協議会が設立されていたが（甲賀郡内

の石部町と甲西町の2町は，大津市や草津市方面への指向性が強いため甲賀広域斎場建設促進協議会に入らなかったという），いわゆる迷惑施設としての葬儀場付火葬場をどこに建てるか，関係者の了解がなかなか得られなかったため，甲賀広域斎場建設には約25年という長い年月がかかった．

それまで水口町（1918（大正7）年建設）と信楽町（1963（昭和38）年建設）とに火葬施設があったが，それはすでに老朽化していた．そして，この地域では土葬が一般的であったためその稼働率は低かった．なかでも土山町，甲賀町，甲南町はとくに土葬率が高い地域であった[11]．そうした状況のもとで，2001（平成13）年4月1日より甲賀斎苑の運用が開始された．根強い土葬の習慣がある地域に火葬を普及させるために，その2001（平成13）年4月1日から土葬を一斉に完全に中止することが，区長会で決定され，各戸に通達が出された．そうして，全戸，全集落が火葬へと一気に変わった．この甲賀郡5町の事例では，土葬の中止と甲賀斎苑の利用という取り決めにしたがって，5町の全戸が火葬へいっせいに変化したのが他の地域にあまりみられない特徴であるといってよい．

1) 滋賀県甲賀市水口町杣中 水口町杣中に住む芥川ひろさん（1929（昭和4）年生まれ）の語りによると以下の通りである．2001（平成13）年になって公営火葬場「甲賀斎苑」の利用が始まると，それまで自宅からサンマイと呼ばれる埋葬墓地まで野辺送りが行なわれていたのが，自宅から寺までの野辺送りへと短縮され，寺の葬儀で引導を渡すと，待たせてあった霊柩車で甲賀斎苑にまっすぐに移送されることになった．また，霊膳持ち（喪主の妻の役目）と輿かき（孫の役目）は白装束に藁草履を着用していたが，それも寺までで，車で約20分かかる甲賀斎苑にいくときには黒の喪服に着替え，履物も履き替えていくようになった．そうして，いっせいに火葬に変化した当初，火葬骨の処理については，サンマイに埋めて石塔には何も入れていない家や，サンマイと石塔の両方に入れる家，石塔に入れるだけの家など，納骨式の石塔の有無によって家ごとにいろいろな方法がとられた．土葬の中止と火葬の実施は，町役場が決定したが，火葬骨の処理の仕方や墓地の整備については家ごとに決めることとされていたのである．

2) 滋賀県甲賀市水口町岩坂 この水口町内で火葬を行なうのが一番遅くなったのは岩坂地区（17戸）である．土葬の最後は，1998（平成10）年に亡くなった人で，その後2008（平成20）年までの10年間この岩坂では亡くなる人がいな

かった．2008年には1年間に4人が亡くなり，いずれも甲賀斎苑で火葬にされた．村内の閑宝寺（浄土宗）に家々の石塔があるが，納骨式になっていないので焼骨は4人ともそれまでの埋葬墓地サンマイに埋めた．その後，2016（平成28）年に岩坂では閑宝寺の庫裏の改築と併せて「墓もつくり直そう」ということになった．全戸が納骨式の石塔を建立し，サンマイの土を納めた．

2013年4月1日をもって土葬から火葬へと一気に変化したこの甲賀郡（現甲賀市）の5町のなかでも，火葬骨の処理の仕方は家ごとあるいは集落ごとの課題であり，サンマイに埋骨するケースと，新たに納骨式の石塔を建立するケースなど，過渡期的なさまざまなあり方がみられるのが現状である．

b. 無石塔墓制から石塔建立へ―滋賀県蒲生郡竜王町の事例―

近畿地方の村落では，それまでサンマイと呼ばれる埋葬墓地を利用していて石塔を建てる習慣がなかった地域，つまり両墓制でも単墓制でもないいわゆる無石塔墓制であった地域も少なくなかった．そのような無石塔墓制であった村落でも，土葬から火葬への変化に伴い，集落近くや集落内，埋葬墓地などに近年新たに石塔を建立するようになってきている．両墓制や単墓制についてのこれまでの民俗学研究は，埋葬墓地と石塔建立が別々の場所であるという墓地の景観や，埋葬墓地に近接して石塔が建立されているか，埋葬墓地から離れて寺などに石塔が建立されているか，石塔という要素の付着の仕方など，石塔の存在を前提になされてきた．しかし，実際には石塔を建立していなかった村落も少なくなかったのであり，それがいま急激な火葬の普及のなかで，それに対応する石塔墓地を造成する大きな変化が起こっている．これは，両墓制を成立させてきた，あるいは石塔すらも拒否してきた近畿地方の村落における死穢忌避観念の希薄化や消滅化へという問題にも関連する大きな変化である．

1）綾戸の石塔墓地建設（2005（平成17）年）　　ここでは，強い死穢忌避観念を伝承してきている滋賀県蒲生郡竜王町綾戸における石塔墓地建設への動きについてみてみる．綾戸の強い死穢忌避観念は，周辺の30余りの村落の氏神である苗村神社を祀っていることに由来する．現在でも33年に一度，10月に行なわれる苗村神社大祭のときには，30余村が集結し，村ごとに山車を出し役割を分担しながら，この地域に広がる水田への用水路の水口に近い場所に設けられている御旅所までお渡りが行なわれる．また毎年4月の例祭では，綾戸の年長者より順番

図 1.8 土葬の頃のサンマイ（滋賀県蒲生郡竜王町綾戸）

につとめる当人二人が上手と下手に分かれて，1 日がかりで 30 余村の氏神をまわって榊（さかき）を迎えて苗村神社に捧げる．

　この苗村神社の地元の村である綾戸では，「苗村さんに遠慮して」，「苗村神社の八丁四方は神社の聖域」などといわれており，これまで集落内に墓地が作られていなかった．隣りの田中（たなか）という集落の土地を借りていて，村人が死亡するとその墓地に埋葬だけ行なってきていた（図 1.8）．石塔はいっさい建てなかった．集落のなかに正覚寺（しょうかくじ）という浄土宗の寺があり，綾戸のほとんどの家がその檀家である．正覚寺の境内にも石塔は建立されていない．聖なる苗村神社に対する強い死穢忌避の意識が村人の間で共有されてきているのである．

　竜王町の場合，近隣の市町と比べて比較的長く土葬が行なわれてきていた．1981（昭和 56）年に八日市市（ようかいちし）と日野町（ひのちょう）で開苑した火葬施設を持つ布引斎苑（ぬのびきさいえん）を，竜王町が利用するようになったのは 1988（昭和 63）年からであった．近隣の市町のなかでは一番遅かった．布引斎苑管内における埋葬率，土葬の残存率は，その 1988 年に 39.02％だった．1996 年に 12.66％，その後は 2001 年に 1％台となり，2010 年に 0％になっている．竜王町では，1996（平成 8）年に役場の働きかけによって共同墓地の建設計画が各集落で話し合われるようになった．しかし，一足先に霊園を造成した集落があり，それにあたった役員が急に死んだとか，「そういえば，綾

戸のお地蔵さんを動かしたときも人が死んだ」などという不吉な話が出てきて，綾戸では「気持ち悪いからやめておこう」ということになった．しかし，2002（平成14）年に再度，綾戸霊園建設の提案がなされた．年配者のなかには，墓地の造成に反対の意見もあったが，村の総集会に出席するのは若い世代であったから，土葬の手間の大変さ，火葬の便利さで，投票では賛成63票，反対8票で，造成を行なうことになった．また，造成に際しては，竜王町から補助金が出された．ちょうどこの頃，竜王町では石塔墓地をつくるのが一つの「ブーム」のようになっていたという．

　2002（平成14）年12月21日に綾戸墓地公園建設委員会（委員長は布施元一氏）の初会合が開かれた．設置場所，用地，費用について話し合われ，12月23日にはこれまで使っていたサンマイの北側の水田を隣りの集落の田中から綾戸が購入するための仮契約を結んだ．2003（平成15）年2月2日には，竜王町周辺のいくつかの市町が先に造成していた霊園墓地（愛知郡愛荘町目加田，蒲生郡安土町豊浦，東近江市福堂，竜王町橋本ほか）の見学を行ない，新しく作る綾戸霊園の参考にした．2004（平成16）年5月3日に地祭りが行なわれ，10月11日より工事が始まった．その後，墓所の各家への配分と申し込み方法についても決められた．建設費用は1732万5000円で，竜王町からの補助金は603万円，残りはJAから借り入れた．11月14日の委員会では，綾戸と田中の双方の役員の相互立ち会いのもとに境界線の確認が行なわれ，他に無縁仏の設置場所，墓の向きについて（東向きに決定）などが協議された．2005（平成17）年5月に完成，7月17日に竣工式が行なわれるにいたった．墓地面積1156.56 m^2，区画は87で，各家がくじ引きをして自分の家の区画を決めた（「綾戸墓地公園建設委員会記録」より）（図1.9）．

　綾戸では石塔を建てるときには古くから使用してきたサンマイから小さいスコップで土をすくって石塔のほうに納めたという．先の熊本県の事例のように，埋葬場所を掘り起こすということはしなかった．また，サンマイは共同利用していたため，墓穴を掘っているときに，遺骨がでてきた場合には，昔はサンマイのそばを流れていた川の茂みに捨てるか，大きい骨の場合には川に流していたという．それくらい遺骨に対する執着はなかったことがわかるが，長く土葬を行なってきていたので，「お父さん，お母さんを焼くなんて」という火葬に対する受け入れがたい違和感を語る青木武さん（1941（昭和16）年生まれ）ほかのような年配者も

図1.9 綾戸の石塔墓地（2005年建設）．同じような石塔が立ち始めた．

いる．

　綾戸では土葬の頃は，埋葬して土饅頭の上に標木を立て，ヤライと呼ばれる四角い囲いがなされた．サンマイに埋葬された最後の人は，2004（平成16）年4月29日に亡くなった並川佐一郎さんの火葬骨であった．綾戸をはじめこの一帯では石塔墓地ができても，「50年たたないと土饅頭を平地にできない，さわれない」といっており，全戸でこれまで通り埋葬墓地サンマイの墓掃除を続けている．

　お盆には8月13日に仏壇で線香をたくと先祖の霊が帰ってくるといわれ，15日まで家でまつる．墓参りの習慣はない．綾戸で生まれ結婚後も綾戸で暮らす田中初栄さん（1937（昭和12）年生まれ）も西村喜久子さん（1940（昭和15）年生まれ）も，サンマイへの土葬の頃も，火葬になって石塔ができたいまも，「盆の間は墓参りせえへん」という．ただ，石塔ができてから，「毎月1回は花をかえないとあかんから，ひと月1回は参るようにしてる」ともいう．その言葉からはこの綾戸では墓参りが新しく行なわれるようになった習慣だということがわかる．

　2）火葬と石塔　　以上のように，綾戸では土葬から火葬へという遺体処理の方法の変化に伴って，新たに石塔墓地の造営が行なわれた．それに伴い寺引導や野辺送りなどの葬送儀礼の省略や，葬式シンルイと呼ばれる「隣の5，6軒くらいずつ」の葬儀での相互扶助の関係が廃止され解消されるなど，村人たちのつき合い

にも変化が起こってきている．綾戸では2001（平成13）年にはまだ火葬が行なわれるようになった初期の頃であったが，自宅から寺へ野辺送りが行なわれ，寺から霊柩車で布引斎苑にいくかたちがとられていたが，その後，2013（平成15）年の調査の時点では，自宅での葬儀の後，寺にいかず，直接霊柩車に乗せるようになってきており，野辺送りは省略されていることが確認された．その一方，新しくできた石塔墓地への盆の墓参もまだ定着していないという状況や，近隣の町村に葬斎ホールが建設されても，やはり綾戸には葬祭場は無理だろうという人々の語りがある．石塔墓地の造成は実現したものの，伝統的な苗村神社に対して遠慮する，死の穢れを避けるという信仰的配慮が人々の意識のなかに継承されている点も注目される．いまちょうど大きな変化の過渡期のなかにあるといってよい．

　綾戸では，急激な火葬化によってその焼骨を納めるために石塔が必要と考えられ，「○○家先祖代々之墓」と刻んだ石塔が墓石業者によって販売されて人びとはそれを購入しているが，それが人びとの家意識や先祖に対する観念にどのような影響を及ぼすのかは，今後の観察が必要である．

3) 橋本の石塔墓地建設（1998（平成10）年）　　橋本は，苗村神社の祭礼にはきりょう村の座として奉仕を行なってきた歴史を有し，集落には墓地がない．これまで鵜川，須恵，薬師，七里とともに集落から約4km離れた薬師の山にあるサンマイに埋葬するだけであった．複数の集落で山の隠れた斜面を埋葬墓地として利用するかたちである（図1.10）．橋本では，自宅で葬儀をしたのち，村の人が寺まで野辺送りをすると，そこからは，身内と親戚で遠くの薬師の山にあるサンマイまで棺を運んでいき埋葬をしていた．徒歩で行っていたころは，サンマイまで遠いため大変だったという．墓穴は葬儀の日の朝に近隣の組合の者が掘っておく．墓穴に坐棺を入れると，「最後の別れ」といって，早く土に帰るようにと，死者の頭にかぶせた笠のところまで土を入れて蓋をした．橋本で最初に火葬をしたのは，1993（平成5）年に西村久一さん（1937（昭和12）年生まれ）の父親が亡くなったときであった．西村さんは親戚と相談して火葬にすることにして，火葬骨はサンマイに埋めた．この橋本では，1998（平成10）年3月に集落の近くに公園墓地を造成した（図1.11）．場所は，集落の外れで「引導場」と呼ばれていたところが選ばれた．そのときは新たに利用するようになった火葬場の布引斎苑の近くに造られている公園墓地を参考にしたといい，集落の内外からなるべく見えない

図 1.10 橋本が長年使用してきた薬師のサンマイ

図 1.11 橋本の石塔墓地

ように目立たないように,低い洋式の石塔を建てて生垣を巡らせることにした.
　橋本ではそれまではサンマイに埋葬するだけで石塔は建てず石塔墓地はなかった.ただ,集落のなかや田畑からはたくさんの「お地蔵様」が埋もれていたという.それらは小さな箱仏や一石五輪のことで,1994(平成6)年頃行なわれた圃場整備の際,集落内の三尊寺(浄土真宗)の裏に集められて,8月23日の地蔵盆にいまも供養がなされている.竜王町内で「田んぼからたくさんお地蔵様がでてき

た．あちこちに散在している」という話はよく聞かれる．土葬でサンマイを利用し石塔建立の習俗がなかったこの地域でも，もう一つ古い時代には一石五輪や箱仏などが集落内にも散在していたのである．中世以前のこの地の葬墓制は，現在たどれる墓制とはまた別の歴史的展開をみせていた可能性がある．この橋本のように集落の近くに石塔墓地を新しく設けたのは，須恵(すえ)（2005（平成17）年），鵜川(うかわ)（2007（平成19）年）なども同じであった．これらの墓地には同じ形式の石塔が同じ方向に並んでおり，家ごとの個性という面が強調されていない．集落内の家ごとの石塔の均一性が目立つというのがその特徴である．村人にとって不慣れな石塔建立を前にして業者のリードに任せているようにも観察される．橋本も須恵も鵜川も，先の綾戸と同様に石塔墓地を建設した後50年たたないと土饅頭を平地にできないといって，もう使わなくなった薬師のサンマイの墓掃除を行なっている．なお，サンマイに近い薬師の集落は，正念寺（浄土宗）の改築が行なわれた平成9年（1997）に作られた本堂の裏の墓地区画に石塔を建立するようになった．その一方，薬師よりもサンマイに近いところにある七里(しちり)ではまだサンマイを利用しており，石塔墓地は造られていない．このように土葬から火葬に変わることによって必然化してきた納骨用の石塔の建立は，集落ごとに時期と場所と形態がそれぞれで選択されているというのが現状である．

4) 庄の共同納骨堂建設（2007（平成19）年）　サンマイ利用は複数の集落によって行なわれていたものの，火葬化に伴いその焼骨を納めるための石塔が必要になったとき，その石塔墓地の建立については各集落でそれぞれ選択されるという状況下であるが，もう一つの例をみてみる．苗村神社の祭礼にも深くかかわっている庄(しょう)という集落は，弓削(ゆげ)，信濃(しなの)，川上(かわかみ)，林(はやし)，庄，倉橋部(くらはしべ)の六つの集落とともに埋葬墓地としてはこれまで弓削の三反開(さんたんびらき)のサンマイを共同利用してきた．2007年3月，このサンマイの南側に「やすらぎ霊苑」と呼ばれる石塔墓地が新たに造られ，庄を除く五つの集落はこの霊園を利用するようになった．しかし，庄だけは，その石塔墓地の建設の話が出たとき，そこの霊苑ではなく，地元の願長寺(がんちょうじ)（浄土真宗）の指導のもとで，集落の広場に同朋墓と呼ばれる共同の納骨堂を建設して27戸全戸がそれを利用することになった．2007年3月に各家がサンマイから湯呑茶碗1杯分の土を持ってきて，その同朋墓に納めた．この弓削では，墓地の移転を選択したのであるが，先にみた熊本県下の納骨堂建設の時のように，遺骸

を掘り起こすということはしなかった．

　共同納骨堂が建設されるより前に庄でも火葬が行なわれている．一番最初に火葬にしたのは，願長寺住職の寺本隆さん（1944（昭和19）年生まれ）の父，恵隆さんが1997（平成9）年5月に亡くなったときであった．その火葬骨は旧来の弓削の三反開（さんたんびらき）のサンマイに埋葬された．現在，庄では葬儀の後，同朋墓の後部に設置してある棚に火葬骨の骨箱を納め，三十三回忌を目安に遺骨を骨箱から出して，同朋墓の正面の下にある穴へ移して合葬するかたちにしている．また，正面右側の外壁には，納骨された人の戒名を刻んだプレートが飾られている．2007年3月から2013（平成25）年7月の終わりまでに，合計7名が納骨されている．住職の寺本さんは日頃，「家が墓を守れない時代になってきた．跡取りがいなくなっても大丈夫なように村で納骨堂を作った」，「死の穢れとかは考えていない」という．

　このケースで注目されるのは，土葬から火葬への変化を機に，一つの集落が伝統的であった共同墓地のサンマイ利用から離れて，まったく新たな一つの同朋墓を建設したという点である．そしてその背景として，この竜王町一帯で進んでいる死穢忌避観念の希薄化，喪失，そして死者記念への比重の移動という死者や死穢に対する新たな意識や観念へという変化を読み取ることができる．

c．サンマイ利用の変化―サンマイを放置する村と再活用する村―

　これまでみてきた蒲生郡竜王町の事例は，いずれも火葬の普及に伴って，土葬の頃のサンマイ利用をやめて，集落ごとの石塔墓地建設を実現したものである．ただし，竜王町の場合，サンマイの掃除は継続している．ところが，次に紹介する長浜市西浅井町菅浦（にしあざいちょうすがうら）では，サンマイをまったく放置しており（図1.12），強烈で極端な死穢忌避観念がその特徴である．菅浦では，古いサンマイの土地を「公園にしようかという話もあるが，仏さんを掘り起こさないといけないので，手がつけられない」（島内悦路さん1948（昭和23年）生まれ）といっている．

1）長浜市西浅井町菅浦（寺の区画への石塔墓地建設とサンマイの放置）

　琵琶湖の湖北地方に位置する菅浦は，集落の東西の入口にある四足門（よつあしもん），または要害の門，とも呼ばれる屋根を葦（あし）でふいた門が知られている．埋葬墓地のサンマイは，東の門の外，集落から遠く離れているのが特徴である．菅浦では長年土葬が行なわれてきていたが，1986（昭和61）年4月に島内悦路さんの父親が亡くなったとき，ちょうどこの3月に西浅井町山門（やまかど）にできた西浅井斎苑を利用してはじめて火

図 1.12　放置された菅浦のサンマイ（2013 年撮影）

葬が行なわれた．その後，次第に火葬が普及していった．火葬骨はサンマイに埋葬されたが，その2カ月後の6月に島内家では安相寺（浄土真宗西本願寺派）の墓地に石塔を建立した．

　すでに1980（昭和55）年にその墓地の造成が行なわれ，墓域は21軒の門徒に分けられた．安相寺の門徒の間では石塔を建てた順に奥から手前へと所有することになった．墓地が造成されると，まず，サンマイの山際に石塔を建てていた家がその旧い石塔を移動するとともに，安相寺と門徒の新しい石塔3基が建てられた．その後，1982（昭和57）年から1999（平成11）年までに13基の石塔が建てられている．菅浦では安相院を含めて4カ寺あるが，阿弥陀寺（時宗）の檀家42軒，祈樹院（曹洞宗）の檀家20軒，真蔵院（真言宗）の檀家20軒もそれぞれ寺の近くに石塔墓地を造成した．

　菅浦の葬儀では，最近でも家から霊柩車まで（約10〜15m），親類や身内が提灯，花，団子などを持って輿をかいていく．東の門のところにある六体地蔵に，かつてはサンマイまで立てていた辻ろうそくを束にして供えていく．これまで墓はサンマイ，寺は「願い寺」といわれて，墓と寺は別々なものという認識であったが，火葬になってからはサンマイにいくことはなくなった．この菅浦では，火葬の普及と石塔建立によるサンマイとの断絶，そして墓が寺に引き寄せられたというのがその特徴である．そして注目されるのは，火葬になってサンマイ利用が

終焉したにもかかわらず，それをさわることができないという強い死穢忌避の観念，死穢恐怖の観念がまだ生き続けていることである．このように死穢忌避観念を強く伝えている村がある一方，同じ滋賀県下では，サンマイに石塔を建立し，新たに石塔墓地として再活用している事例もみられる．

2) 東近江市木村の石塔墓地（サンマイの再活用） 木村(きむら)は約60戸の集落で，村外れにあったサンマイを新たに火葬骨を納める石塔墓地にして利用している．サンマイは家ごとに区画割りがなされていたので，そこに各家の石塔を建立することになった．先の熊本県の事例のように，埋葬されたところを掘り返したりはしなかった．現状では，まだ旧来のサンマイの景観を残し伝えるような，地蔵と棺台，大木の跡，木の墓標などもいくつか残っている．この墓地の新しい石塔をみると，2003（平成15）年に建てられたものが多い．この木村では石塔墓地造成のための新しい土地を買得するのではなく，もとのサンマイを石塔墓地として再活用したのが特徴である．また，甲賀市水口町三本柳のサンマイも2016（平成28）年にきれいに整地され，石塔墓地へと変化していくところにある．

d. 火葬の普及と両墓制の終焉

近畿地方の農村部では，サンマイなどと呼ばれる共同の埋葬墓地利用が続けられてきていた．そして，その埋葬墓地に対して石塔墓地をどこに設営するかという選択肢のなかで，①墓域内に石塔を建てる単墓制(たんぼせい)，②埋葬墓地に隣接して石塔墓地を設ける両墓制のいわゆる両墓隣接型(りょうぼりんせつがた)，③埋葬墓地とは別の場所に石塔墓地を設ける典型的な両墓制，④埋葬墓地に埋葬するだけで石塔墓地を設けない，石塔を建てない，いわゆる無石塔墓制(むせきとうぼせい)，という四つの類型が見いだされてきていた．いまみてきた滋賀県竜王町の事例は多くが無石塔墓制の事例であった．民俗学が長くその研究対象としてきた両墓制はそうした土葬を前提とした分類であったが，いまその土葬習俗が消滅し新たな火葬が普及してきているのである．そこで起きている変化を読み取るには，第1に，旧来のサンマイなどと呼ばれる埋葬墓地の再活用か放棄かという問題，第2に，火葬が必然とする遺骨の処理の仕方の問題である．

その第1の問題については，埋葬墓地の利用が再活用か放置かという選択幅のなかで大きな変化がみられる．一つは，サンマイに隣接して，はじめて石塔墓地を建設するケースである．竜王町綾戸(あやど)や弓削(ゆげ)などの事例がこれで，ほかにも東近

江市葛巻町(旧蒲生郡蒲生町)のサンマイに隣接して造成された「葛巻墓地公園」(2009(平成21)年)ほか，数多くみられる．もう一つは，サンマイだけを利用して石塔墓地を設けていなかった集落で，集落近くにはじめて石塔墓地を建設するケースである．これまでみてきた竜王町庄の共同納骨堂の建設，竜王町橋本，同鵜川，同須恵などの事例がこれである．さらにもう一つは，集落内の寺に石塔墓地を建設するケースもある．それが長浜市西浅井町菅浦などの事例である．一方，このようにサンマイを放置するのではなく，サンマイを石塔墓地として再活用するケースもある．それは，東近江市木村の墓地などの事例であり，サンマイを維持，活用しているケースととらえられる．また，土葬のときと同じようにサンマイに火葬骨を埋納して，土葬のときと同じ墓上装置を作っている甲賀市水口町岩坂や同町北内貴の事例もみられた．しかし，それは寺に納骨式の石塔墓地を建設するまでの一時的，過渡的な措置であった．

　菅浦の島内さんの場合も，橋本の西村さんの場合も，村で1番最初に火葬を選択した時，火葬にした父親の遺骨をサンマイに埋めたが，それは石塔建立とそれへの納骨までの過渡的なあり方であった．実際，このような火葬骨をそれまでのサンマイに埋めるという方法はよくみられることである．

　以上のように，現状では，サンマイを放置して新たに石塔墓地を造成する場合と，サンマイを再利用する場合とがあることがわかる．

　第2の遺骨と納骨の問題であるが，これらの村落にはこれまで石塔を設けなかった例が少なくなかった．それらの多くは墓参をしなかった．無石塔で，無墓参の事例が多くあった．しかし，土中に遺体を埋納すればそれで済んでいた従来の土葬から，大規模で新式の機能的な火葬場建設による急激な火葬化への波のなかで，必然的に抽出される遺骨，その処理を余儀なくされたのである．火葬骨の処理が不可欠になったのである．土葬から火葬になったことにより無石塔墓制の状態から石塔墓地の造成が進んだのである．その新たに石塔墓地を設ける場合，その立地は近世初頭に石塔が普及し始めたときと同じ三つの吸引力と反撥力とを有しているということが観察される．その三つの力とは，寺，家(集落)，墓のそれぞれの吸引力と反発力とである[12]．いまみた滋賀県下の諸事例の場合，この三つの吸引力と反発力とが，現在進行形のなかにある石塔墓地の立地を決定しているのである．

両墓制の研究は，大間知篤三[13)]や最上孝敬[14)]による埋葬墓地と石塔墓地とが分かれているという景観への問題意識から始まり，両墓制の成立については，石塔が普及する中世末から近世初頭の新しいものであるが，死穢忌避の観念は古代以来の古い観念とする原田敏明の見解[15)]や，石塔建立以前には寺が詣り墓の代わりになっていたという竹田聴洲の見解[16)]も示された段階へと研究がすすめられた．原田，竹田ともに石塔が中世末から近世初頭以降の新しい要素である点に留意したわけであるが，原田は両墓制は新しい習俗だというのに対し，竹田は石塔建立以前は寺がその代わりになっていたので古い伝統をひいているといった点が異なっていた．それらを整理した新谷尚紀『両墓制と他界観』では，村落ごとの「埋葬墓地の設営の仕方」＋「石塔の付着の仕方」を二つの変数とし，石塔を中世末から近世以降に普及した墓地に対する石塔の付着の仕方（ハカ・テラ・イエ（ムラ）の吸引力と反発力との組合せ）による変化形であり，両墓制と単墓制とを新旧の墓制の差としてみることはできないとした．つまり，両墓制を相対化して，単墓制や無石塔墓制をも含めた視点の提示がなされた．

その後，新谷「村落社会と社寺と墓地―両墓制概念の克服：奈良県都祁村吐山の事例分析より―」[17)]では，竹田が調査を行なった奈良県都祁(つげ)村吐山(はやま)を再び調査地とし，一つの村落に複数箇所ある埋葬墓地と石塔墓地の精密調査と石塔建立の歴史的追跡を行なった．そこからは，石塔の立地も埋葬墓地のなか，隣接地，隔絶した場所（寺の境内や家の近く）など多様であり，また埋葬墓地の設営の仕方も複数のカイトの共有によるもの，一つのカイトによるもの，家単位のものまで多様であるという事実が確認された．明治期から昭和30年代までの詳細な墓籍簿の分析と個別の石塔調査によって，石塔の被建立者は全被埋葬者のうちごく少数で10%であるという事実なども判明した．これらにより，中世末から始まり近世を経て近現代までの石塔建立の歴史を明らかにしたことによって，両墓制と単墓制という景観が併行して形成されてきたというその過程が追跡確認された．これは両墓制と単墓制という概念の相対化という重要な論点の提示でもあった．この両墓制と単墓制という概念の相対化，つまり埋葬墓地の設営と個別の死者の石塔建立という総体的な墓制変遷として総合的にみていこうというのが両墓制研究の一つの到達点であった．しかし，民俗学が大きな精力を注いで積み重ねてきた両墓制研究であったが，近年の土葬の消滅と火葬の普及によって両墓制という習俗

自体がその終焉と消滅の時点へといったのである．そして，いま新たな研究展開とは何か，それこそがここで追跡してみたような土葬の消滅と火葬の普及をめぐる動向についての研究であり，日本各地で起こっている眼前の変化とその動態を列島規模で広く観察し比較分析することこそがいま民俗学に求められている新たな研究課題といってよいであろう．

注

1) 能代市史編さん委員会編（2004）能代市史特別編民俗，p.476.
2) 三浦貞栄治ほか（1978）東北の葬送・墓制，p.162，明玄書房．
3) 嶋田忠一（1977）山本郡南部のアトミラズ．秋田民俗，5．最上孝敬（1984）霊魂の行方，名著出版，など．
4) 香月靖晴氏調査（1999）死・葬送・墓制資料集成西日本2，p.825，井上治代（2003）人口流出・親子別居地域の墓祭祀の変容―鹿児島県大浦町調査から―．墓と家族の変容，岩波書店，など．
5) 福ヶ迫加那（2014）奄美大島宇検村における「墓の共同化」―田検「精霊殿」創設の事例から―．*South Pacific Studies*，**35**(1)．
6) 前掲注5，p.12.
7) 関沢まゆみ（2014）土葬から火葬へ―新たな納骨施設設営の上での3つのタイプ：熊本県下の事例より―．国立歴史民俗博物館研究報告，183.
8) 梅田　之（1943）熊本県御船地方の盆．民間伝承，9巻3号．
9) 藤原正教（1948）御船地方の年中行事．民間伝承，12巻11・12号．
10) 丸山　学（1948）阿蘇の年中行事．民間伝承，12巻1号．
11) 米田　実（2002）大型公営斎場の登場と地域の変容―滋賀県甲賀郡の事例から―．墓と葬儀の現在―民俗の変容―（国立歴史民俗博物館編），吉川弘文館．
12) 新谷尚紀（1991）両墓制と他界観，吉川弘文館．
13) 大間知篤三（1936）両墓制の資料．山村生活調査第2回報告書．
14) 最上孝敬（1956）詣り墓，古今書院．
15) 原田敏明（1959）両墓制について．社会と伝承，3巻3号．
16) 竹田聴洲（1971）民俗仏教と祖先信仰，東京大学出版会．
17) 新谷尚紀（2004）村落社会と社寺と墓地―両墓制概念の克服：奈良県都祁村吐山の事例分析より―．国立歴史民俗博物館研究報告，112集．

参考文献

井上治代（2003）墓と家族の変容，岩波書店．
国立歴史民俗博物館編（2002）墓と葬儀の現在―民俗の変容―，吉川弘文館．

新谷尚紀（1991）両墓制と他界観，吉川弘文館．
竹田聴洲（1971）民俗仏教と祖先信仰，東京大学出版会．
最上孝敬（1956）詣り墓，古今書院．
国立歴史民俗博物館（2015）民俗研究映像，盆行事とその地域差，第1部盆行事とその地域差—盆棚に注目して—，第2部土葬から火葬へ—両墓制の終焉—．
関沢まゆみ・国立歴史民俗博物館編（2015）盆行事と葬送墓制，吉川弘文館．

1.3　ホール葬と葬儀の変化

(1) 葬列と野葬礼の消滅

『国立歴史民俗博物館研究報告』191（特集号「高度経済成長期とその前後における葬送墓制の習俗の変化に関する調査研究」）には，先の『死・葬送・墓制資料集成』の1990年代の葬儀以降，2000年になって各地の葬儀がどのように変化したかについて報告がなされている．そのなかから注目される事例を紹介しよう．

〈事例1〉　福井県三方郡美浜町菅浜[1]
　　　　—町営火葬場利用による葬列と野葬礼の省略，ホール葬と葬儀社職員の関与—
　福井県三方郡美浜町菅浜の旧家，井上家では，3代の当主が1953（昭和28）年，1999（平成11）年，2013（平成25）年に亡くなっている．金田久璋氏によって，その3代の当主の死亡から葬儀後の供養までの詳細な調査がなされている[2]．

　これをみると，1953（昭和28）年から1965（昭和40）年に町営火葬場が設立されるまでは，家からソーレンバまで葬列が組まれ，その後，村のヤキバでの炭と藁によるノヤキが行なわれていた．1965年以降は，家での葬儀の後，霊柩車によって町営火葬場へ遺体を移送することとなり，葬列は役割を半紙に書いて貼り出すだけに形骸化した．さらに，2013年の葬儀では，通夜の前に家から遺体を敦賀市内の葬祭会館へと移し，そこで葬儀も行なうこととなった．そしてカイトと呼ばれる近隣の人びととの相互扶助が限定的となり，ほとんどが葬儀社職員によって担われるようになった．

　敦賀市には葬儀社が3社あり，その一つ，1999（平成11）年に開業した葬儀社が扱った例で，2000年から2012年の葬儀件数と葬儀の場所（自宅か専用会館か）をみると，2000（平成12）年には自宅53%，専用会館47%だったのが，2001（平

成 13) 年には自宅 40%, 専用会館 60% と専用会館の利用が 6 割となり, その後, 2009 (平成 21) 年には専用会館の利用が 92% と 9 割をこえた[3]. このデータの通り, 金田氏は「平成 11 年の葬儀を調査し記録した 14 年間に起きたこと, 現に起きていること, 起きつつあることは, ほとんどの家が葬儀社で通夜と葬儀 (告別式) を営むようになっていることに尽きると言っても過言ではない」と述べ, 1965 (昭和 40) 年の美浜町営火葬場 (美浜斎苑) の建設, 霊柩車による迎え, 葬儀社の関与, この三つが従来の美浜町の葬送儀礼を大きく変えたと指摘している.

①井上直三郎氏の葬儀 (昭和 28 年) の例—家からソーレンバまで葬列, 甥が棺を背負ってヤキバへいく. 喪家を除くカイト全戸によるノヤキ—

死亡当日	8:00　死亡・枕経 棚を組む　装具作り
死亡翌日	装具作り 13:00～14:00　湯灌・入棺 14:00～21:00　通夜
3日目	11:00　タツトキのメシ (会葬者の昼食) 11:30～12:30　葬儀 13:00～14:00　家から葬れん場に葬列で移動. 出棺時に茶碗を割る 　　　　　　　ソーレンバでは輿を担いで右回りに 3 回回る. 　　　　　　　外葬礼 　　　　　　　ソーレンバからヤキバに甥が棺を背負って運ぶ[*1]. 15:00　ヤキバにて火葬[*2]
4日目	10:00　コツヒロイ・ハイソウマイリ[*3] 11:00～12:00　シアゲ 14:00　ハカに骨を埋葬 　　　　　アトカタヅケ

*1: 輿から棺を抜き, 甥がショイコで棺をくくり, ホトケをヤキバまで背負っていく. 木綿布のサックリを背中当てにして, カイトの人が用意した左縄の荒縄で棺をしばる. 重いからと途中で休んだり, 替わったりすると死人の亡魂がそこに残るとされ, 絶対許されなかった. リヤカーが普及すると, 背負うまねをしてから乗せた (『資料集成』西日本編 1, p.16).
*2: ヌレワラをしばった 2 本の台の上にホトケを北枕に向け, 坐棺を下向けにしてすえ, 火種の炭に火をつけヌレワラでおおう. 炭は老人の場合 3～4 kg, 青壮年は 5～7 kg 用いる. 藁は 6～8 束. 完全に燃えるまで守りをする (『資料集成』西日本編 1, p.18).
*3: 翌朝, 親子, 兄弟など身内がコツアゲ (コツヒロイ) にいく. ヤキバの近辺に生えている木と竹を切り, にわかごしらえの箸を作り, 喪主が骨を拾い箸渡しをしてワラヅトに入れる. ノ

ドボトケをとくに重視，他に頭蓋骨，手，脚，胸の骨を拾う．30〜40 cm のワラヅトにくるむ．シアゲの後，墓の裏にズダブクロとともに埋葬し浜石をおく．残った骨はヤキバのすみに埋める．この1953（昭和28）年当時，本山（永平寺）に分骨することはしなかった（『資料集成』西日本編 1，p.18）．

②井上久左衛門氏の葬儀（1999（平成11）年）の例—町営火葬場利用による葬列と野葬礼の省略—

死亡当日	13:00　枕経 　　　　装具作り
2日目	10:00〜11:00　湯灌・入棺 18:30〜21:00　通夜（お経・念仏）
3日目	7:00　会葬者受付 9:50　僧侶入場 10:00〜11:00　葬儀—出棺*1—霊柩車で美浜町営火葬場*2へ 13:00　コツアゲ 14:00　床の間に棚を組み，遺骨を祀る
4日目	11:00　シアゲ・ハイソウマイリ 13:00　埋葬

*1：ソーレンバでの葬儀が簡略化されたため，玄関の間の鴨居に「葬儀役割表」を貼り出し，司会が役割と名前を読むだけになった．葬列は組まない．棺は子供や孫のチドシ（血同志）が霊柩車まで運ぶ．
*2：昭和40年6月運営開始，重油ボイラー式．後に平成3年4月に新築．

③井上直久氏の葬儀（1913（平成25）年）の例—ホール葬と葬儀社職員の関与大—

死亡当日	早朝　病院から帰宅．北枕に寝かせ魔除けの刀を胸の上におく 　　　　枕団子など供える 　　　　枕経 　　　　装具は葬儀社に一任．台所の賄いはオモシンルイの若い女性が担当
死亡翌日か	湯灌（葬儀社が湯船を持参）・入棺
3日目	19:00　通夜　葬祭会館（敦賀市内）
4日目	9:30　葬儀　葬祭会館（敦賀市内） 　　　　ホールから美浜町営火葬場へ 2時間後　コツヒロイ．ノドボトケや頭蓋骨，手足の骨を墓用と本山納骨用の二つの骨壺に納めた． 帰宅後，墓参り，寺参り．その後シアゲとハイソウマイリの宴を開催．

1.3 ホール葬と葬儀の変化

〈事例2〉愛知県春日井市宗法町宗法―葬場の変遷：野墓から家へ，そして斎場へ―[4]

　愛知県春日井市は蒲池勢至氏によって調査が行なわれた[4]．蒲池氏は浄土真宗の寺院の僧侶である．1956（昭和31）年の葬儀では，準備から埋葬，埋葬後の儀礼のほとんどは同行（葬式組）によって行なわれた．葬儀の中心となったのは「弔い場」などと呼ばれていた野墓であった．出棺前，お斎に巻き寿司と油揚げ寿司を一人ずつ皿につけて食べてもらい，午後1時に出棺，そのとき，案内鉦と呼ばれる鉦を叩き，二つ折りにした筵をオナゴ竹でバタバタと打つ「筵叩き」が行なわれた．死者が「帰ってこないように叩き出す」のだといわれていた．葬列が「野墓に着くと，トムライ台の所を左回りに三回まわって棺を据え，棺の前に菓子・シカバナ・位牌をおいた．入口にある「南無阿弥陀仏」石碑のところに，六道（ローソク）を6本1列に並べて刺した．曲泉の後ろに荒筵を敷き，そこで一人一人焼香をした．…（中略）…ノバカ（野墓）でのトムライは一時間もかからず，最後に喪主は墓の出口のところに出て「ありがとう，ご苦労様でした」と会葬者に挨拶した」．それから穴掘り役の四人によって埋葬が行なわれた．弔いから帰ると喪家の入口に用意されている盥の水で片足ずつ洗い，塩を身体に振った．そして同行によるオネンブツがあげられ，夕食が振る舞われた．このときの接待は身内が行なう．この一連の葬儀のなかで，葬儀の中心はトムライ場とも呼ばれていた埋葬墓地，野墓での儀礼であったという．

　しかし，昭和40年代に公営火葬場の利用が始まり，村のなかでの火葬や埋葬が行なわれなくなるとともに，葬儀の「場」が自宅に変わったのだという．これについて蒲池氏は僧侶の立場から，「葬儀の「場」が，ノヅトメ（野勤め）というムラの火葬場や埋葬墓地から自宅に変わったということは，葬儀式からみれば出棺勤行と葬場勤行の区別がなくなっていくことでもあった．自宅がかつての火葬場や埋葬墓地という葬場になった，ということである」と述べている．そして，ちょうどこの頃葬祭業者が葬儀全般に深く関与し，それまで野墓で葬場勤行を行なっていた頃は，シカバナの花瓶，香炉，燭台，供物が置かれる程度で「野卓」の形態であったのが，この頃から業者が持ち込む祭壇が導入されるようになった．

　その後，平成になって，葬儀の場は自宅から葬儀会館へと変化し，「葬儀は一変」していった．昭和40年代に公営火葬場への遺体の移送に霊柩車が用いられるようになって，葬列などが消滅しても，葬送儀礼はある程度行なわれていたのが，「葬

儀会館を葬場とするようになった平成以後は，まったく変わってしまった．儀礼は消滅したり，一部に残っていても儀礼の流れと意味が変わってしまったのである」という．なかでも，とくに絶縁儀礼がなくなったことを指摘している．愛知県内においても出棺の際，出立ちの膳といって親族や手伝いの人が必ず食事をとり，酒を飲むなど，死者との食い別れとしていた習俗の消滅，前述の莚叩きや棺の蓋を閉じるときに遺族がかわるがわる石で釘を打つ習俗，棺を出すときに仮門をくぐらせる習俗や茶碗割りなど，多様な出立ちの儀礼，死者と生者との絶縁儀礼が伝承されてきていた．そのような「死者との絶縁儀礼は，自宅葬のときまでは地域の人によって行われていたが，葬儀会館になってほとんど姿を消してしまった」という指摘からは，自宅から葬儀会館へという葬儀の場の変化によって，講中の相互扶助がなくても葬儀が行なわれるようになったこと，また葬儀社職員は絶縁儀礼が必要不可欠とは認識していないことなどがわかる．

　さらに，蒲池氏は死者の扱いの変化について次のように述べている．「かつての葬儀は，いかに死者を現世から来世へ送るか，ということであった．昭和10年代までの湯灌では，このとき死者の髪の毛を剃ることが真宗門徒では行われていた．頭剃りなどと呼んでいた．現在ではまったく理解できなくなってしまったが，これは現世の姿である俗体から出家者の姿である法体にする剃髪の儀式であった．俗体の姿であれば往生・成仏できないと考えられていて，法体の姿にしなければならなかったのである．頭陀袋や血脈を納棺時に入れたり，葬儀で引導をわたすこと，ハバキ酒で別れの杯を交わしたり，莚を叩いて死霊を送り出すこと，これらは死者を「この世」から「あの世」へ送る儀礼であった．そこには仏教的な浄土や悟りの世界，あるいは民俗的な「あの世」という，死者がゆくべき世界としての他界観念が存在していたのである．しかし，葬儀会館での葬儀はほとんど世俗化してしまった」．また近年のエンバーミング[5]や葬儀会場で死者の人生を紹介するような写真の紹介などが普及していることについても言及し，「現代の葬送儀礼にみられる遺体と死者は，もはやホトケ（仏）ではなく，「生きているかのように」化粧を美しくした死者（遺体）であり，生きている者に「見てもらう」ための姿になった」と述べ，「死者は，もはやホトケ（仏）ではないのである」という表現で，伝統的な死霊観念の希薄化・消失そして，いつまでも記念すべき死者個人へと，死者に対する観念が大きく変化したことを指摘している．

(2) 絶縁儀礼の省略

〈事例3〉 **静岡県裾野市**—2000年頃からホール葬へ，ハマオリ習俗の消滅—[6]

静岡県裾野(すその)市は，松田香代子氏によって調査が行なわれた．裾野市域では1950年代まで土葬が行なわれていたが，その後公営火葬場の利用が始まるとすぐに基本的に「前火葬(まえかそう)」が行なわれるようになり，出立ちの儀礼や墓地への野辺送りは土葬のときと同じように維持されてきた．表1.11にみるように1965年と1993年の葬儀は，自宅での葬儀，前火葬，遺骨による墓地までの野辺送りが行なわれ，さらに墓地に埋葬した後，ハマオリと呼ばれるこの地方独自の死者の霊魂を送る儀礼を行なって，キチュウバライ（忌中払い）と呼ばれる飲食が行なわれるという手順に変りはなかった．しかし，2000年頃から斎場利用（ホール葬）へと変わると，通夜から葬儀までの儀礼はすべて斎場で行なわれるようになった．

表1.11 葬儀の流れの変化

	葬儀の流れ	1950年代まで〈土葬〉	1965年〈前火葬〉	1993年〈前火葬〉	2010年A〈後火葬〉	2010年B〈後火葬〉
通夜	通夜	①	3	3	3(斎場)	3(斎場)
	通夜祓い	②	4	4	4(斎場)	4(斎場)
葬儀当日	家庭葬	×	×	×	5(斎場)	〈選択せず〉
	湯灌	③	1(通夜の前)	1(通夜の前)	1(通夜の前)	1(通夜の前)
	入棺	④	2(通夜の前)	2(通夜の前)	2(通夜の前)	2(通夜の前)
	葬儀	⑤	×	×	×	×
	出棺	⑥	5	5	8(斎場)	7(斎場)
	火葬	×	6(市営火葬場)	6(市営火葬場)	9(市営火葬場)	8(市営火葬場)
	告別式（本葬）	×	7	7	6(斎場)	5(斎場)
	野辺送り	⑦	8	8	×	×
	土葬	⑧(墓地)	×	×	×	×
	納骨	×	9(墓地)	9(墓地)	11(忌中明けなどに)	10(忌中明けなどに)
	ハマオリ	⑨(河原)	10(河原)	10(河原)	×	×
	キチュウ	⑩	11(公民館)	11(公民館)	10(市営火葬場)	9(市営火葬場)
葬後供養	オヤネンブツ	⑪	12	12	×	×
	初七日	⑫	13	13	—	6(本葬に続いて)
	三十五日（五七日）	⑬	—	—	7(本葬に続いて)	—
	三十五日のハマオリ	⑭(沼津市千本松)	—	—	—	—
	四十九日	⑮	14	14	12	11
	百カ日	⑯	15	15	—	—

松田香代子（2011）葬送習俗の変容にみる地域性—静岡県裾野市の葬儀の現状—．『国立歴史民俗博物館研究報告』191集，p.424をもとに補筆作成．

 ＊ 1965年，1993年は裾野市富沢の事例，2010年Aは同市岩波の事例，2010年Bは同市稲荷の事例．火葬になって新たに行なわれるようになった項目も追加．×は該当しない項目，—は省略された項目．なお，表中の〈 〉は筆者加筆．

1) 葬儀の流れと場所の移動　1993年の葬儀までは，一人の死者に対して，自宅と墓地そして河原と公民館，沼津の千本松での供養までが一連の儀礼の場となっていた．しかし，2010年の葬儀の例では，自宅から斎場に葬儀の場が変わるとともに，墓地や河原などへの移動がなくなった．

2) ハマオリ，キチュウ，オヤネンブツの習俗　表1.11にある，ハマオリ，キチュウ（忌中），オヤネンブツ（親念仏）というのはこの地域独特の習俗である．親念仏は，弔い（とぶら）の後，故人の子供たちが7日ごとの念仏供養を行なうもので，それぞれの地区の念仏講の者を招き飲食の接待をし，引き出物を用意した．費用がかさむことから，1970年代半ばに廃止された．その後も自宅での葬儀が行なわれていた間は，ハマオリと弔中は次のようにセットで行なわれてきた．「埋葬がすむと，墓地から喪家に帰る途中で河原に降りてハマオリをする．ハマオリの場所はほぼ決まっており，葬式組が準備する．河原の石を数個積み上げ，その上に戒名の紙を貼った白木の野位牌（のいはい）を置く．蝋燭と線香を立て，団子などを供えると，会葬者が順に拝む．野位牌に水向けをする地域もある．参拝が終わった人から，豆腐や菓子を肴（さかな）に酒を飲んで身を清める．この後，会葬者全員で土手から石を投げて，位牌を川の水に流す」．埋葬後に行なう地区が多いが，三十五日に行なう地区もある（図1.13）．

そして，喪家に帰ってくると，家に入る前に水と塩で手を清め，キチュウまた

図1.13　河原の石に立てかけられたハマオリの野位牌（裾野市下和田）（提供：松田香代子氏）

はキチュウバライという会食をする．墓地にいかなかった会葬者にも「キチュウだけはして帰ってもらう」という．弔中には，葬式組の女性たちが手作りで，オチャハン（茶の煮汁で炊いたご飯），豆腐，がんもどきなどの精進料理を作って振る舞い，地区によってはぼた餅やあんころ餅をだすところもある．

　しかし，自宅葬からホール葬へと変化したことにより，野辺送りとハマオリが省略されたのが特徴である．また，ハマオリとセットで行なわれていた「死者との食い別れ」を意味する弔中払いが，単なる葬儀後の食事（精進落とし）という意味に変化したことも注目される（図1.14）[7]．その変化のなかでも，この2010年のAとBの「後火葬」の事例とは異なるが，葬儀前に火葬をしておくほうが，斎場で丁寧にキチュウが行なわれるといって「前火葬」を選択する家も少なくないという．ここには，「後火葬」による火葬中に設定される昼食兼弔中よりも，葬儀後の斎場での弔中が「丁寧」だという意識がうかがえる．

　1965（昭和40）年の葬儀から定点的に調査を行なってきた松田氏の「裾野市域ではこの10年ほどで葬儀の簡素化が加速的に進行した」というのが調査者としての実感である．また，1965（昭和40）年から28年後の1993（平成5）年まで，ほとんど葬儀内容に変わりがなかったのが，ホール葬に移行することによって大きく旧来の葬送儀礼の省略化が進んだことがあらためて注目される．「2013年現在，裾野市における葬送儀礼は葬祭業者によって「形骸化」しつつある」と述べてい

図1.14　公民館でのキチュウ（裾野市下和田）（提供：松田香代子氏）

る.「葬送儀礼の形骸化」はすでに山田慎也「葬儀の変化と死のイメージ」[8]においても死者とのつながりが断片的になり死の認識が不完全になったためと指摘されているが，よく実態をみると，自宅葬の葬儀とホール利用の葬儀とでは，裾野市の例でいえばハマオリとキチュウバライがあわせ行なわれてきた意味の欠落からもわかるように，死者とのつながりが断片的になり死の認識が不完全になったためではなく，自宅葬からホール葬へという変化によって死者と生者との絶縁儀礼の省略化が進んだため，である．ホール葬の威力とは，死霊や死穢を強く意識していた旧来の葬儀から，その意識が希薄化した故人の記憶と見送りという新たなまったく別の葬儀に変わったということができるであろう．

(3) 霊送り習俗の消滅

東日本の各地に，野辺送りに際して，遺体の葬送とは別に，一人の男性が米を叺（かます）や莚（むしろ）に包んで一足先に喪家を出て墓地や寺へと向かうアトミラズ，ウマヒキ，霊送り（たまおくり）などと呼ばれる習俗がみられる．最上孝敬「霊送り」[9]によれば，霊魂送り，が千葉県長生郡など千葉県，埼玉県，群馬県など関東地方の東南部から西北部へかけて伝承されていること，米が共通の要素であること，これを運ぶ人は口をきかず後ろをふりむかずに，いって帰ることなどの共通点があり，その一方，野辺送りの直前に行なうという事例ばかりではなく，死の通知とともに寺に米を送る例，埋葬が終わって帰宅後に「寺送り」といって寺に米を届ける例，葬儀の翌日に寺送りが行なわれる例，四十九日に行なう例など，その行なわれる時点としてはさまざまでそれぞれ事例差があることが指摘された．その後，千葉県の事例では寺に送るのが多いのに対して，秋田県の能代（のしろ）・山本（やまもと）地区に広くみられるアトミラズと呼ばれる霊魂送りの事例では，墓に送る方が多いことが報告されている[10]．写真は 2010 年の撮影で，秋田県山本郡三種町（みたねちょう）志戸橋（しとばし）の墓地の入口にかけられたログメンオリと呼ばれる莚（むしろ）と草履である（図 1.15）．この莚に死者の霊魂を包んで墓地まで運んできたものと考えられる．また，青森県十和田市（とわだ）洞内（ほらない）の曹洞宗，法蓮寺の墓地の石塔にも，マクラショイと呼ばれる死者に近い子どもや甥が葬列よりも一足先にサンキ（長さ 3 尺の木 3 本を三脚のように組んだもの）に下駄 1 足，草履 1 足半，笠，鎌などを吊るして墓まで背負っていく．帰りは「後ろを振り向くな」「葬列に会うな」といわれた．志戸橋のログメンオリも洞内のマクラシ

1.3 ホール葬と葬儀の変化

図 1.15 ログメンオリ（秋田県山本郡三種町志戸橋）

ョイの運ぶサンキにも，死者の霊魂の旅立ちというような考え方を象徴しているような習俗が伝えられている．

〈事例 4〉 秋田県山本郡三種町—ホール葬と霊魂送り習俗の消滅—

1）前火葬による野辺送りの維持　秋田県山本郡三種町では，1940（昭和 15）年から 1945（昭和 20）年頃，鵜川の鳳来院という曹洞宗の寺の近くに「窯」（火葬施設）があり，薪で一晩かけて焼いていた集落（鵜川字大曲など）もあれば（1936（昭和 11）年生まれの話者），まだ土葬を行なっていた集落（鵜川字萱刈沢など）もあった．萱刈沢では 1950（昭和 25）年頃から火葬になっていったといわれている（1927（昭和 2）年生まれの話者）．その後，1964（昭和 39）年に新たに鵜川火葬場ができると，この地域ではほとんどの集落でその火葬場を利用するようになった．そしてその後，老朽化のため 1987（昭和 62）年に新たに精華苑に建て替えられて現在に至っている．

　秋田県や青森県，岩手県，山形県，宮城県などで，公営火葬場の利用が始まると，葬儀の前に火葬をして，祭壇には遺骨の箱をおいて葬儀を行なういわゆる「前火葬」が行なわれるようになったということは先にも述べた通りであるが，この三種町でも「前火葬」となった．そして，葬儀，遺骨での野辺送り，墓地への埋骨という流れが維持されてきた．

2) 泉八日のアトミラズ

泉八日では,ダミワカゼ（茶毘若勢）と呼ばれる村の若い男の人たちが葬儀の手伝いにくる．野辺送りのときに,親戚の者はみんな夏は草履,冬は藁靴を履いていくので,お手伝いの人は喪主に草履をいくつ作るかを聞いて,たくさん作らなければならない．また,葬式の朝には,穴掘りをする．ユーカン（湯灌）の日に,親戚の女性たちが晒布で死者に着せる着物と喪主の裃を縫い,血の濃い親戚の女性が頭から被るカツゲ（カツギ）も木綿布で作る．また,晒を三角に折って袋状にしたズンダブクロ（頭陀袋）を二つ作る．袋のなかには,お金（500円くらい）と米や大豆,小豆,ソバなどを入れる．あの世への道中,使ってください,食べて下さいという意味だという．死人は旅支度をさせ,草鞋を履かせるが,草履の下に1000円札を両足に入れる．これは道中,人に盗られないようにと隠して入れるのだという．このほか,「ソウズケノババに着せる着物」といって,晒の幅を半分に切って10〜15cmの丈の小さい着物を作る．これはソウズケノババ（奪衣婆．三途川の渡し賃の六文銭を持たずにきた亡者の着物をはぎ取るとされる老婆）がとりやすいようにと,片袖だけにする．ズンダブクロは一つは棺に入れて,もう一つはアトミラズの叺とあわせてかける．葬列が出る5分くらい前に,茶毘若勢の一人が叺を背負って,喪家から墓地に行き,入口の木に叺をかけてくることになっている．これをアトミラズという．アトミラズはもし途中で誰かに会っても決して口をきいてはいけないという．

泉八日では野辺送りのときにも,ズンダブクロに入れた五穀（米や大豆,小豆,ソバなど）を角盆にのせて,葬列の後ろについて墓地までまきながら歩く．この役目の者も決して後ろを振り向いてはいけないという（図1.16）．そうして野辺送りを終えて,喪家に戻ると,食事をして酒を一杯飲んでから,親戚の者が夕方,もう一度墓地にいく．これを灰納めという．そのとき,餅を16個くらい作って持っていき,墓でその餅を引っ張り合ってちぎり,後ろに投げてくる．

3) 志戸橋のログメンオリ

志戸橋でも,野辺送りの葬列が出る前に,茶毘若勢の一人が叺に,晒布で作ったズンダブクロ（五穀）,草鞋,紅白の紐を縄に撚ったものをつけて背負って,喪家から墓地にいき,墓地の入口の木にかけてくる．この叺がログメンオリと呼ばれている（図1.15）．この男性は,墓地にログメンオリをかけたら,「まっすぐ帰るもんだよ,人と話してはいけない」とかたくいわれている．野辺送りで墓地までもってきた花籠や龍頭などは三十五日に墓参りをし

1.3 ホール葬と葬儀の変化

図 1.16　遺骨の野辺送り（秋田県山本郡三種町泉八日）

た後，焼却される．しかし，ログメンオリは木にかけたままにしておく．そのため，志戸橋の墓地の入口の木には，何枚ものログメンオリがかけられている．

志戸橋では，2010（平成 22）年に合計六つの葬式があった．たとえばその一つ，12 月 10 日の葬儀ではこれまでどおり，先に火葬がなされ，自宅で葬儀が行なわれた．野辺送りとそれに先立つアトミラズも行なわれた．墓地では石塔の前に土を掘って遺骨を埋めた．それから森岳温泉のホテルの大広間でお斎が行なわれた．かつてはお斎は喪家に帰って行なうものであったが，ホテルの広間などを利用するように変わってきたのは近年の変化である．この年の葬儀のうち二つは，JA の葬祭ホールであるクオーレ能代で行なわれた．これが志戸橋ではじめてホールを利用したケースだった．ホールで葬儀をした場合は，野辺送りをしないので，墓地にログメンオリもかけなかった．お斎のときも位牌と火葬骨が飾られて，納骨は後日行なわれた．

4）遺骸の葬送と霊魂の葬送　1950（昭和 25）年頃から昭和 30 年代にかけて火葬が行なわれるようになった三種町では，それまでの土葬の時代には葬儀の後で埋葬が行なわれていたが，火葬になってからは葬儀の前にまず火葬を行なうようにと遺体処理の方法が変わった．その変化を促したのは，比較的日数をかけて行なう通夜の習俗があったものと思われる．志戸橋の石井靖雄さん（1947（昭和 22）年生まれ）によれば，三種町では，昔は暦をみて葬儀を行なってよい日と悪い日についてやかましくいっていたという．しかし，いまは檀家寺の都合を聞き，

友引以外の日ならいつでも葬式をするようになった．死者への名残りを惜しんで二晩，三晩と親戚などが集まってワイワイやるという通夜の間，遺体が傷むのが心配されたという．その頃は通夜が二晩，三晩というので遺体が傷むのを防ぐのがたいへんだったであろうと推測される．そのこともあって死者との別れでワイワイやる期間のためにも先に火葬にすることが自然と選ばれたのではないかと推測される．

また，その「前火葬」の選択によって，土葬の頃と同様に野辺送りを行なうことができたともいえる．この地域では，墓地に遺体を搬送する葬列とは別にそれより5分，10分前にアトミラズなどと呼ばれる役の男性が五穀などの入った叺を担いで喪家から出て，墓地にいき，適当な立木にその叺をかけてくる習俗が伝えられている．これは，遺骸の葬送と対比できる霊魂の葬送であると考えられる．つまり，このような習俗を伝えてきた地域では，葬送は遺骸と霊魂の一方だけではなくその両方を送ることで完結するというような考え方，いわばそのような死生観の存在が想定される．土葬から火葬へと変化しても，アトミラズはそのまま行なわれてきていたのであったが，2010（平成22）年にJAの葬祭ホール，クオーレ能代が開業すると，死亡→火葬（清華苑）→葬儀（クオーレ能代）というかたちがあらわれた．このホール葬の場合には，野辺送りもアトミラズも省略されてしまった．この新しい簡便な方式が今後は定着していく可能性は大いにある．

この事例では，伝統的な葬儀においては，死者の遺体と霊魂とは別であり，霊魂を安定的にあの世に送るためには遺体の葬送とは別に，霊魂の葬送，霊魂送りの儀礼が必要だと考えられていたことがよくあらわれている．2000（平成12）年から2010（平成22）年以降，自宅葬からホール葬へと葬儀の場所が変わり，野辺送りが行なわれなくなると現在ではもうアトミラズの習俗も消滅していく流れのなかにある．それが現状である．このことは，ホール葬への変化によって，葬送は遺骸と霊魂の両方を送ることで完結するという伝統的な死生観からの大きな変化，変質を引き起こしているともいえるのである[11]．

(4) ホール葬と相互扶助の欠落
〈事例5〉熊本県菊池郡大津町寺崎

1）土葬から火葬へ　　熊本県菊池郡大津町(きくち)(おおづまち)はもともと土葬であったが，昭和

1.3 ホール葬と葬儀の変化

40年代から昭和60（1985）年頃にかけて火葬へと変化してきた．古くから大津町の室地区に火葬場があり，1985（昭和60）年に改築されて菊池広域連合火葬場となって今日にいたっている．この火葬への移行に伴って，「前火葬」が選択されたことと，各地区で納骨式石塔が作られていったこととが特徴である．とくに夏は暑いため遺体が傷むのが早いので，早めの火葬が奨励されているという．たとえば寺崎地区では，お通夜のときに死者とお別れをすると翌朝8時か8時半頃に出棺して，まず火葬をしてしまい，昼12時か13時頃から葬儀が行なわれる．そして翌日，「樽持ち」と呼ばれる，土葬の頃に棺担ぎをしていた当番の役の者が，納骨できるように石塔の扉の開閉を行なう．1983（昭和58）年7月に寺崎の5軒の家で共有するかたちの連結式の納骨式石塔が建設されている．

寺崎地区の中組の葬儀で穴掘り人の名前を記録している帳面（『昭和二十九年五月再起 埋掘帳 中組』）には，中組の人の死亡年月日，氏名，年齢，墓当番の名前（1975（昭和50）年1月5日までは3名ずつ，同年3月2日からは2名ずつ）の順に記載がなされている．それによれば，1986（昭和62）年8月29日に中尾ヌイさんが亡くなったときに，「通夜 8月30日午後8時，葬儀 8月31日午後3時，墓地へ納骨 9月1日午前10時半（墓当番2名）」とあり，この帳面ではじめて「納骨」の記載がみられる．寺崎ではこの女性が最初の火葬だったという．そしてこのころから以降，死亡→通夜→火葬→葬儀→翌日納骨，の形が定着してきた．

2）葬儀の場所の変化—「地域の葬儀でなくなった」— 中組では2000（平成12）年6月に女性が亡くなったときが自宅葬でなく葬祭場で葬儀をした最初であった．それから2003（平成15）年まではまだ自宅葬でJAの職員が出張してきて手伝うかたちも残っていたが，2004（平成16）年以降はホール葬がほぼ定着した．また，これまでは自宅葬で，地域の人々が4日から5日間，手伝いにいったものであったが，近年，ホール葬が定着するにしたがって，葬儀が組の手伝いによる「地域での葬儀ではなくなっていった」という（中尾精一さん（1955（昭和30）年生まれ））．

このように，寺崎地区の中組の例では長い間土葬であったが，最初に火葬が行なわれたのは1987（昭和62）年の高齢女性で，死亡→火葬→葬儀→翌日納骨，とされており，葬儀より先に火葬が行なわれている．2003（平成15）年8月の葬儀までは自宅葬でJAのサービス利用というかたちであったが，2004（平成16）年

表 1.12　葬儀の場所の変化（熊本県菊池郡大津町中組の事例）

死亡年月日	性別	葬儀の場所	土葬・火葬
S62.8.29	女	自宅	火葬
		中略，この後自宅葬 7 件	
H12.6.13	女	葬祭場	火葬
H12.10.16	女	葬祭場（熊本市）	火葬
H15.4.7	男	自宅	火葬
H15.7.7	女	自宅	火葬
H15.8.30	女	自宅	火葬
H16.12.18	男	大津斎場	火葬
H18.3.20	男	大津斎場	火葬
H19.2.14	男	大津斎場	火葬
H19.4.1	男	大津斎場	火葬
H19.8.6	女	大津斎場	火葬
H20.2.21	男	虹のホール杉並（JA）	火葬

（『昭和二十九年五月再起　埋掘帳　中組』より）

12 月の葬儀から大津斎場という斎場利用が始まり，2008（平成 20）年の葬儀からは JA の「虹のホール杉並」の利用が始まっている（表 1.12）．

同様に，大津町上揚地区でも葬儀は「火葬になってコロンと変わった」といわれている．祭壇も上揚の人たちが作るなど葬儀社の関与がない葬儀が長年行なわれてきていたため，地域の人が 3 日も 4 日も葬式の手伝いにいっていたのが，火葬になり，葬祭場を利用するようになると，組の手伝いをほとんど必要としなくなったため，地域で葬儀を出しているという実感がなくなったという（錦野晋也さん（1935（昭和 10 年）生まれ）ほか）．

(5) ホール葬で何が変わったか？

土葬から火葬へという遺体処理方法の変化と同時に，あるいはそれに続いて少し遅れて自宅葬から葬祭場の利用へ，ホール葬へと葬儀会場の変化が起こっていった．社会伝承と儀礼伝承との視点から，それまでの自宅葬の場合と新しいホール葬とを比較すると，その大きな違いとして 3 点が指摘できる．

第 1 に，葬儀の商品化と利用の簡便化である．「葬式三日」などといって，近隣の相互扶助によって執り行なわれてきた葬儀であったが，それが維持できなくなった私たちにとって葬儀社に任せれば効率的に行なえるという点は，まさに都市部では忙しい人びとの生活に合っており，過疎化が進む農村部では組や講中など

近隣の手をかりても,「お返しができない」世帯にとってはお金で解決できる点でたいへん実情にあった選択であった.

　第2に,葬儀社職員の関与は,組とか講中などと呼ばれる近隣の手伝いを不要としていった.これは事例5熊本県菊池郡大津町でも聞かれた,火葬になって,さらにホール葬になって,「地域の葬儀でなくなった」という言葉に象徴される変化である.これは長い葬儀の歴史からみると,近世の村請制に始まった地域社会の相互扶助の伝統が眼前で消滅していっているものと歴史的に位置づけられる現象である.

　第3に,儀礼伝承の視点からは,遺骸送りと霊魂送りの両者からなっていた葬送の儀礼が,事例3静岡県裾野市のハマオリ習俗,事例4秋田県山本郡三種町のアトミラズやログメンオリのように野辺送りに付随していた伝統的な霊魂送りの習俗が消滅し,ホール葬の普及によって葬儀が遺骸送りのみとなったということが指摘できる.このことは,葬儀は遺骸と霊魂の両方を送ることで完結するという伝統的な死生観にも変化を与えようとしている.

　以上により,これまで葬儀の変化は「葬儀の商品化」という言葉で表現されてきたが,労働力提供の面は経済的に代替できるものの,霊魂の処遇や死生観という側面は経済外的なものであり,経済的な代替ができないことがわかる.しかし,霊魂送りの伝承全体からみると,野辺送りとともにセットで行なわれてきていたアトミラズやハマオリ習俗のような霊魂送り・絶縁儀礼は消滅したものの,葬儀後の寺送りや山参りの習俗[12]は従来どおり行なわれていることから,やはり,遺骸の処理だけでなく霊魂送りが重要だと考える死生観がなお継承されていることがわかる.そして,民俗伝承はそれほど簡単に消滅したり無化するものではないことも考える必要があろう.かたちを変えて伝承される力を潜在させているのが民俗伝承の特徴である.現代社会の葬儀におけるカラオクリ(遺骸送り)の迅速化,簡便化というのが現在の奔流であるが,故人を偲びその人格を記憶し語り続けようとする関係者の心のなかの衝動,霊魂送りの衝動は,素朴な霊魂観とも寄り添うようにして少し意識と形式とを変えながらその姿をみせてきている.葬儀(遺骸葬)とは別の日程で行なわれる都市部や著名人の「偲ぶ会」などがその伝承の延長線上にあるものと位置づけることができよう.また一般農村での初盆や一周忌なども遠隔地に住む関係者一同が参会できる機会として,霊魂送りの機会と

なってきていることが観察されるのである．

注

1) 金田久璋（2015）若狭における葬送墓制の変転―福井県三方郡美浜町の場合．国立歴史民俗博物館研究報告，191．
2) 1953（昭和28）年と1999（平成11）年の葬儀については国立歴史民俗博物館編（1999）資料集成西日本編1，平成25年は金田久璋（2015）に詳しい．
3) 前掲注1，金田（2015）p.290．
4) 蒲池勢至（2015）葬送儀礼の変化―愛知県の事例を中心にして―．国立歴史民俗博物館研究報告，191．
5) 美しい死に顔を保つため，死体を修復し化粧をすること．
6) 松田香代子（2015）葬送習俗の変容にみる地域性―静岡県裾野市の葬儀の現状―．国立歴史民俗博物館研究報告，191．
7) 松田香代子（2002）食い別れの餅．静岡県民俗学会誌，23．
8) 山田慎也（2013）葬儀の変化と死のイメージ．近代化のなかの誕生と死〈歴博フォーラム民俗展示の新構築〉，岩田書院．
9) 最上孝敬（1984（1953））霊送り．霊魂の行方，名著出版．
10) 嶋田忠一（1974）アトミラズ．秋田民俗通信，1，同（1977）山本郡南部のアトミラズ．秋田民俗，5，齋藤壽胤（2009）後みらずのその後―アトミラズとドウモツから霊魂の異相をめぐって―．秋田民俗，35．
11) ただし，全国的にみた場合，葬儀後，寺に米などを届けにいく寺送りなどの習俗は比較的維持されている．このことからは，野辺送りの前後に行なわれていたアトミラズやログメンオリなどというかたちをとっていた霊送りの習俗が消滅していきつつあるというのが正確である．
12) 鳥羽市などで岳参りと呼ばれる，葬式の翌日の朝，朝熊山の奥の院に死者の爪と頭髪を持って，握り飯，たくあんを弁当にお参りにいき，塔婆をあげてくる習俗がある．帰りには樒を購入して，その足で墓に参り，家に帰ると1枝を仏壇にさす（資料集成西日本編1，鳥羽市松尾の報告）．このような習俗は，その後，ホール葬になっても同様に行なわれている．

第2章 葬儀と墓の民俗と歴史（葬儀の変遷史）
―民俗伝承と歴史記録から読み解く―

新谷尚紀

2.1 日本民俗学は民俗伝承学

(1) 伝承論 tradition と変遷論 transition

　まず，民俗学とは何か，少し説明が必要であろう．というのも，日本の学術世界において，また一般社会においても民俗学という学問が正しく理解されていないのではないかという懸念があるからである．それは，第1に，柳田國男が折口信夫の理解と協力を得ながら創生した日本の民俗学が十分には理解されずに，その基本的な視点と方法であった方言周圏論や重出立証法などといわれる比較研究法が，戦後の大学教育のなかで誤解のなかに全否定されていった歴史を持っているからである．柳田國男や折口信夫の著作をよく読まず理解せずに，誤読のなかで柳田の方法論を否定し，その一方で柳田を引用しつつ民俗学を説明する，そのような奇妙な現状がいまもある．その伝言ゲーム的なまちがった言説が，原典を確認しないまま流通している．それは民俗学にとってたいへん不幸なこと，残念なことである．いま私たちの世代で明確にそれを正しておき，若い世代の研究者たちにぜひこの学問をしっかりと受け継ぎ発展させていただきたいと考えている（図 2.1）．

a. 民俗学はフォークロアではない

　第2に，民俗学を安易にフォークロア folklore と名乗りまたそのように理解するという傾向が，民俗学関係者にも隣接分野の研究者にも，また一般社会にもあるからである．フォークロア folklore という英語が民俗学と訳されてこれまで流通してきたことは事実である．しかし，そのフォークロア folklore という学術分野は，すでに西欧中心の学術ヘゲモニーのなかでは国際的にも存在しない．そし

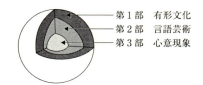

図 2.1 柳田國男の民俗の三部分類（三層分類）

て，その分野の Ph.D も存在しない．なぜなら，視点と方法論の両者ともに，フォークロア folklore には，口承文芸や民間説話という意味以外にはその学術的な独創性，独自性が認められていないからである．口承文芸や民間説話の研究は学術的には文学 literature の研究分野である．その文学 literature や社会学 sociology や文化人類学 cultural anthropology という学問分野はもちろん国際的に存在する．日本の民俗学はそれらに隣接しながらも，それらとは明確に異なる学問である．国際的に口承文芸や民間説話などに限られる意味のフォークロア folklore と名乗るべきではない．日本の民俗学は，経済伝承や社会伝承，信仰や儀礼の伝承，言語や芸能の伝承など，広く生活文化伝承を対象とする独創的な学問だからである．ここでその日本の民俗学を日本民俗学と表記しておく所以である（図 2.2）．

　第 3 に，1980 年代以降の柳田を否定した世代が大学の民俗学の教育の場に立ったことによって，その指導と影響のもとで，民俗学が伝承分析の学問であるという基本を理解できていない世代が育ち，その新たな世代が民俗学を名乗りながら活動するという現状が起きてきているからである．その研究活動の特徴は文化人類学や社会学の模倣と追随，そして亜流というような懸念される傾向性のなかにある．伝承分析学としての日本民俗学の基本からいえば，もちろん国際的かつ学際的な研究活動が必要であり重要であることはもちろんである．ただその場合も自らの学問の独自性や独創性が提示されながらの学際協業こそが重要不可欠である．日本民俗学がすすめる国際的かつ学際的協業というのは模倣と追随ではない．

　第 1 の問題点については後述することとして，まずこの第 2 の点について，以下若干の説明を行なっておくことにしたい．柳田國男が折口信夫の理解と協力を得て創生したのが日本の民俗学である．それはイギリスのフォークロアやドイツのフォルクスクンデの翻訳学問などではなく，もちろん文化人類学の一分野でもない[1]．それは日本民俗学の創生史を追跡してみれば明らかである[2]．文化人類学

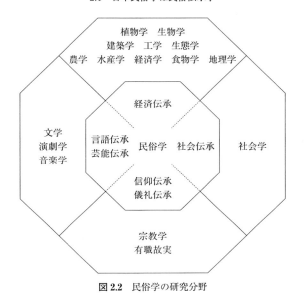

図 2.2 民俗学の研究分野

のアンチテーゼが西洋哲学であるのに対して，柳田の創始した日本民俗学のアンチテーゼは文献史学である．それは東京帝国大学を窓口として輸入された近代西欧科学のなかには存在しない日本創生の学問である．だから「官の学問」ではなく「野の学問」だといわれるのである．それだけに，近代科学のなかでは理解されにくく誤解に満ちているのが現状である[3]．しかし，文献記録からだけでは明らかにならない膨大な歴史事実が存在する．その解明のためには民俗伝承を有力な歴史情報として調査蒐集し分析する必要があるという柳田の主張は独創的であった．その柳田はイギリスの社会人類学やフランスの社会学に学びながらそれとともに日本近世の本居宣長たちの学問をも参考にして，フランス語のトラディシオン・ポピュレール tradition populaire を民間伝承と翻訳して，自らの学問を「民間伝承の学」と称した．折口信夫はそれをよく理解し民間伝承学と呼んでいる[4]．それを継承する私たちの研究姿勢をいまあらためて名乗るなら，tradition populaire から一歩進んで，traditionologie culuturelle 伝承文化分析学，英語では cultural traditionology と名乗るべき学問である．より簡潔に学際的かつ国際的に名乗るならば，traditionology トラディショノロジー，伝承分析学という名の学問で

ある．つまり，tradition 伝承文化を研究する学問である．このフランス語の traditionologie も英語の traditionology もかつて一度使われようとした語ではあったが，西欧近代科学のなかでは学問として創生されることはなかった[5]．それを学問として完成させていったのが柳田であり折口だったのである．

b. 伝承論と変遷論

日本民俗学がその対象とする，伝承とは tradition であり過去から現在への運動である．だから伝承の研究は過去を対象としつつ現在をも対象とする．そして，その中間の長い歴史の過程をももちろんその対象とする．したがって，日本民俗学（伝承分析学 traditionology）の特徴は，文献記録を中心とする歴史学の成果はもとより考古学の成果にも学びつつそれらの研究現場にも学際的に参加しながら，自らの研究対象分野としての民俗伝承を中心として，伝承的な歴史事象を通史的に総合的に研究することをめざす点にある[6]．その伝承分析学・民俗伝承学（日本民俗学）は必然的に「変遷論」と「伝承論」という二つの側面を持つのが特徴である．transition と tradition の両者に注目する視点に立つのである[7]．その基本的な方法は日本各地の民俗伝承を歴史情報として読み解こうとする比較研究法である．変遷論の視点から明らかにしようとするのは，地域差や階層差などを含めた立体的な生活文化変遷史である．たとえば，柳田は小児の命名力に注目しながらデンデンムシの名前にはカタツムリよりも前の呼称がありそれはナメクジであったことを明らかにしている[8]．方言の伝播の問題以外にも，結婚習俗の変遷[9]などについての試論も提出している．そのような変遷論に対して，一方，伝承論の視点から明らかにしようとするのは，長い歴史の変化のなかにも伝えられ続けている，変わりにくいしくみ，伝承を支えているメカニズム，でありそれを表す分析概念の抽出である．たとえば，ハレとケ，依り代，まれびと，などが柳田や折口の抽出した分析概念であった[10]．

(2) 柳田無理解のなかの戦後民俗学

次に第1の問題点について，ここで戦後の民俗学の出発の時点から確認してみる．柳田國男の提唱した日本民俗学の視点と方法は，折口信夫を除いてほとんどの研究者に理解されていなかったのではないか．なぜなら柳田の民俗学を学んだ研究者のすべてが西欧発信の近代科学の思考方法とそのアカデミック・トレーニ

ングを受けた人物ばかりだったからである．つまり，近代科学の思考枠組みのなかでしか，柳田の民俗学を理解しようとしなかった，いやできなかった人物ばかりだったからである．柳田の民俗学が日本創生の学問であるだけにその独創性への理解は十分ではなかったのである[11]．そして，むしろ柳田の強い個性とその学問に対する，無理解のうえでの反発感が広くあったというのが当時の状況であった．1958（昭和33）年に刊行が開始された『日本民俗学大系』全13巻（平凡社，1958-1960）は，当時の主要な民俗学関係者の編集と執筆になるもので当時の日本民俗学の研究水準をよく示すものであったが，編集の推進は，柳田の学問への理解が十分でない民族学の岡正雄[12]たちがあたっており，執筆者のほとんどはその専門が民族学・文化人類学，社会学，歴史学，宗教学などで，柳田門下の研究者の場合であってもまだ柳田の学問の独創性への理解は必ずしも十分な段階ではなかったため，そこに収載された諸論文からは柳田の学問の独創性やそれに対する折口の深い理解と洞察に学ぶという姿勢をうかがうことはできない[13]．

a．柳田の方法論の否定

戦後の日本民俗学の構築が，大学アカデミズムのなかで試みられた場所の一つが，和歌森太郎を中心とする東京教育大学文学部に設けられた新たな講座「史学方法論教室」であった[14]．しかし，そこでは柳田國男の方法論が正確に教授されたとはいいがたく，また折口信夫や渋沢敬三についてはまったく教授されなかったというのが実情であった[15]．そして，その卒業生のなかから柳田の方法論，つまり方言周圏論や重出立証法と呼ばれた民俗資料情報に対する比較研究法という方法に対して，それを全否定する主張が現れてきた．それが福田アジオ「民俗学における比較の役割」，「民俗学にとって何が明晰か」，「柳田国男の方法と地方史研究」という1974（昭和49）年の3本の論文からであった[16]．柳田の方法論を否定したその福田が主張したのは，地域研究法とか個別分析法と呼ばれた方法であったが[17]，では，その福田の学問実践とは何であったのか，その到達点がよく示されている著作が，たとえば，『番と衆—日本社会の東と西—』である[18]．それは社会学や社会人類学の村落構造論や村落類型論の議論に，民俗学の立場から参加する論考であり，村落運営上の特質として，関東は「番」，関西は「衆」がその特徴であるとする論であった．しかし，それは四つの点で疑問のあるものであった．第1は，すでに先行して蓄積されていた社会学の議論[19]や，民族学・社会人類学

の議論[20]に対して，研究史的に対等に組み合える程度にまで磨き上げられたものではなかったという点である．第2は，関東の「番」，関西の「衆」という類型化による単純すぎる把握自体に疑問があったという点である[21]．第3が，村落や民俗を類型的に把握する「型」の理論であること自体が，柳田が構想していた民俗の変遷論への視点が欠如した硬直化した村落把握であった点である[22]．第4が，日本の歴史と文化をめぐる東西比較論であるが，それはすでに1980年代初頭から流通していた比較論であり，民俗学では宮本常一[23]，歴史学では網野善彦[24]が知られており，新たな論として学術的に意味があるとはいいがたいものであった．

b.「周圏論との矛盾」という誤読

一方，福田の柳田誤読が話題となったのが，『柳田国男の民俗学』[25]である．それは，2001年から2006年にかけての岩本通弥と福田アジオとの論争へと展開したものである[26]．福田は，同書pp.130-131で「周圏論との矛盾」という見出しで，「柳田は両墓制という独特の墓制に霊肉分離の観念を見つけ，それが古くからのあり方を示しているとして，日本人の古くからの先祖観・先祖祭祀をあきらかにする重要な民俗とした．それをいうために柳田がぜひふれる必要があったのは両墓制の分布の問題であったはずである．彼の一般的な理解は，沖縄を最も古い姿と考えるように，日本の中央に分布するものは新しく，そこから東西南北に離れていくほどに古いものが残存しているという周圏論であった．ところが，両墓制の分布は不思議なことにその逆であった．両墓制は近畿地方に最も濃密な分布を見る．近畿地方では，柳田国男の故郷が両墓制であったように，どこでも原則として両墓制であり，埋葬墓地に石塔を建立する単墓制は少数例に属する．そして近畿地方から東西に離れるにつれて両墓制は少なくなり，ついに東北地方や九州地方に行くと皆無に近くなるのである．このような特色ある両墓制の分布についてどのように説明したらよいのであろうか．単純に周圏論を適用すれば，両墓制は非常に新しいものとなる．柳田はこのことにふれないまま両墓制を重要な根拠として日本人の霊魂観を説いている．」とのべていた．

それに対する岩本の批判は，柳田の民俗学は民俗の変遷論の視点に立つものであったことを再確認する必要があるという主張であり，柳田は決して両墓制を古い習俗とはみなしておらず，福田の「周圏論との矛盾」という見出しと内容は明らかに誤読であると指摘した．その後，両者の直接の議論の場が設けられたが[27]，

そこでは福田によって前言が翻されるなどしてなかなかかみあわず，肝心の両墓制の分布の問題もその解決への議論とはならなかった．そこで，あらためて両者の議論を整理するとともに，両墓制の分布の意味を歴史的に説明したのが関沢まゆみであった[28]．関沢はそれまでの研究史を整理しながら，両墓制とは10世紀以降の摂関貴族の独特の觸穢思想（しょくえしそう）の影響という歴史的背景を背負った墓制であり，それゆえにこそ近畿地方一帯に濃密に分布しているのだという結論を提示した．両墓制の近畿地方を中心とする分布はむしろ柳田の周圏論に合致するものであり，柳田の説いた比較研究法の有効性を理解しそれにさらに研磨を続ける必要があると提唱した．そしてその一方で，宮田登や福田アジオが提唱した地域社会や個別事例の詳細な調査分析の意義も評価しそれと併用するという方法が有効であると提案した．

(3) 比較研究法の視点と詳細な事例研究
a. 両墓制と比較研究法
両墓制の研究では，柳田に学ぶ比較研究法（ひかくけんきゅうほう）の実践と活用が有効不可欠であった．なぜなら，両墓制の分布は近畿地方に濃密で，そこから東西南北へと離れると単（たん）墓制（ぼせい）が一般的であり，それぞれの個別事例の調査だけでは両者の関係もその意味も解けないからであった．できるだけ数多くの事例情報を蒐集し整理して比較分析するのが最も適切な方法であったからである．それまでの民俗学の解釈では，両墓制は死穢忌避と霊肉別留（れいにくべつりゅう）の観念をあらわす古い習俗であり，単墓制はその古い死穢忌避と霊肉別留の観念が崩れてきてから現れた新しい習俗であると説明していた．しかし，1976年時点での筆者の計146事例の現地調査から確認できたのは，まずは以下の，(1)と(2)であった[29]（図2.3）．

(1) 両墓制はたしかに近畿地方に濃密であり石塔（せきとう）を指標とする．その石塔は早いもので16世紀末から17世紀初のもので，17世紀後半から増加する．

(2) 両墓制と単墓制は，時代的にどちらが古いか新しいかの差ではなく，旧来の埋葬墓地に対して新しい石塔という要素の付着の仕方によって分かれた変化形である．

そしてその後，筆者の調査事例にその他の民俗調査報告書類からの引用情報も加えて，近畿地方の両墓制事例における埋葬墓地の呼称について整理してみると

図 2.3　両墓制の埋葬墓地
お盆に墓掃除はされるがふだんは墓参する人もいない（京都府旧田辺郡，1975（昭和48）年5月，筆者撮影）

ころ[30]．

（3）分布圏の中央部にはミハカが，同心円状の周縁部にはサンマイがその呼称として伝えられていた（図2.4）．文献記録を参照すればサンマイは念仏三昧に由来する語で，墓地の呼称とされている例もある．ミハカは文献記録にはみえない．民俗伝承の現場では，サンマイは事例によっては両墓制の埋葬墓地，火葬の事例では火葬場，単墓制の事例でも一部では埋葬墓地の，三者のそれぞれ呼称として用いられていた．しかし，ミハカは両墓制の事例でのみ用いられ，現地では身墓と説明されていた．

そこで，時系列で整理してみれば，

（4）サンマイは古く10世紀頃から念仏三昧や常行三昧など仏教用語として使われた語であったが，それがやがて三昧聖など葬送墓制関係の語としても用いられ，墓地の呼称としても用いられるようになったが，それは石塔普及以前，つまり両墓制の形成以前からのことであった．それに対して，ミハカは両墓制が形成されたのちに眼前の墓地の説明のための語として使われるようになった呼称であった．

2.1 日本民俗学は民俗伝承学

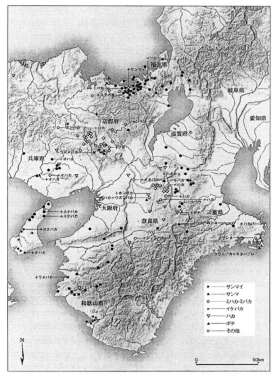

近畿地方の埋葬墓地の呼称分布図（作図協力＝白砂昭義氏〈ジェイ・マップ〉）

図 2.4 埋葬墓地の呼称としてのサンマイとミハカの分布

b. 歴史記録と物質資料

両墓制の分布をめぐる問題では，文献記録の参照が有効であることが確認された[31]．先の埋葬墓地の呼称のサンマイについても，『横川首楞厳院二十五三昧式』（源信撰，永延二年六月十五日付），慶滋保胤『日本往生極楽記』，『百練抄』保元元年（1156）七月十四日条，『日蓮書状』（「妙法比丘尼御返事」）などにみえる「三昧」の記事が参考になった．近畿地方の農村に濃密な分布をみせる両墓制や宮座祭祀[32]にみられる極端な死穢忌避の観念と習俗について，その背景を考えるうえでは，歴史的に形成された特別な死穢忌避の観念を追跡する必要があった．そこで，『続日本紀』などの国史，『類聚三代格』などの法制史料，『栄花物語』，『本朝文

粋』(「浄妙寺願文」) などの文学作品，『小右記』などの古記録類などの文献記録史料が知らせてくれる，平安時代の10世紀以降の摂関貴族の觸穢思想の形成と展開に関する情報が参考になったのである[33].

　また，文献記録以外にも具体的な墓地と石塔の精密情報は必要であり，比較研究法と併行して個別事例研究も重要であった．石塔の具体的な精密調査による裏づけが両墓制の形成と展開についての解明には必要不可欠である．1980年代の調査では埼玉県下の一つの事例の調査が実現して，その墓地における石塔建立の歴史的展開を確認することができた (図2.5，図2.6)[34]．その後，2000年代の調査では，奈良県下の事例調査が実現して，それにより集落としての埋葬墓地の協同的設営と各家ごとの石塔の建立とが，近世から近代，現代に向かってどのように展開したのか，そのなかで両墓制と単墓制という概念がどれだけ有効であるのかを追跡整理し，むしろ，その二つの概念には研究史上これまで確かに意味があったが，それだけでは現実的に限界があるということ，したがって，それを相対化して新たな墓制の変遷と伝承のあり方をとらえる視点が必要である，との結論を得た (図2.7)[35]．そして，2010年代の現在では，公営火葬場の利用が進んで土葬が喪失し両墓制が終焉を迎えているなかで，その変化の動態や旧来の墓地利用がどのように展開しているのかについての研究が進められているのが現状である[36]．

2.2　葬儀の民俗伝承の事例差とその読み解き

(1) 三種類の葬儀分担者

　2010年代現在の日本の葬儀を特徴づけているのは，葬儀業者の関与，公営火葬場の利用，というかたちが一般的となっているということである．しかし，日本各地で伝承されていた旧来の葬儀は，家族や親族そして地域社会の相互扶助のもとに執り行なわれたものであり，多くの地方では土葬が一般的であった．それが大きく変化してきたのは，戦後日本の高度経済成長期[37]を経るなかで起こった大きな生活変化に連動するものであり，大きなうねりとなったのは1990年代からであった[38]．そうした動向を前にして，民俗伝承学・伝承分析学の観点から注意しておきたいと考えたのは，眼前で次々と喪失し消滅していくそれまで地域ごとに

石塔の型式と年代別整理

年代＼型式	五輪塔	宝篋印塔	無縫塔	舟型地蔵	如意輪観音	観音	阿弥陀	その他	仏像碑	九形仏像碑	板碑型	駒型	箱型	笠付角柱	角柱	その他	墓誌	灯籠	合計
元和7～寛永17 (1621～1640)	5	1																	6
寛永18～万治3 (1641～1660)	2	2	1	2	1	1	1			1	5								16
寛文1～延宝8 (1661～1680)	3	8		11	11	4	3	2			18		1		1				62
天和1～元禄13 (1681～1700)			1	27	21	20	5	1	1		23		1	2					102
元禄14～享保5 (1701～1720)	1		1	30	25	25	4	1	2		29	1	14	1	2				136
享保6～元文5 (1721～1740)				22	18	6		1			29	2	33	5	9				125
寛保1～宝暦10 (1741～1760)				13	15	5		1	1		8	5	61	3	6				117
宝暦11～安永9 (1761～1780)			3	15	4	2	3				1	2	74	4	7				115
天明1～寛政12 (1781～1800)			1	8	1								72	7	14				103
享和1～文政3 (1801～1820)				2									57	4	17		2		82
文政4～天保11 (1821～1840)		1	1					1					46	4	49			1	105
天保12～万延1 (1841～1860)					1			1					19	2	44	2		2	71
文久1～明治13 (1861～1880)								1					21		59	2			83
明治14～明治33 (1881～1900)							1				1	5			56	5			68
明治34～大正9 (1901～1920)							3						6		60	5			74
大正10～昭和15 (1921～1940)							7			1	2				50	1	2		63
昭和16～昭和35 (1941～1960)											3				46	6	5		60
昭和36～昭和55 (1961～1980)	1														50	1	13		65
昭和56～ (1981～)															5		2		7
不明		11		7	7	4	1	2	10		1	10	1	8	9	2			73
合計	12	22	8	138	104	67	17	19	18	112	13	425	35	483	31	24	5		1533

図 2.5 埼玉県新座市普光明寺墓地の石塔建立の変遷1

石塔の型式および造立趣旨の主流の変遷

時期	型式	造立趣旨		
寛永期	五輪塔・宝篋印塔	菩提	種子	単記
元禄期	仏像碑・板碑型			二名連記
宝暦期	箱型	霊位		
天保期	角柱型		家紋	
明治30年代				先祖代々

図 2.6 埼玉県新座市普光明寺墓地の石塔建立の変遷2

10年ごとの石塔の建立数の追跡整理

	1600														1700				
	4	5	6	7	8	9	1	2	3	4	5	6	7	8	9	1	2	3	4
春 明 院	2		1	4	1		1	1		2		1	1	2	3	1		1	2
ド サ カ			1						1		1	3	5	8	7	8	6	7	8	13
ムシロデン												1	1	1	1	4	1	3	5	5
仏 法 寺								1		1			1			5	1			2
地 蔵 院		1												1		1	3	3	1	1
コ フ ケ				1													1	3	1	1
草 尾 家												1	2		2		1			1
田町マエ			1									1			1	1	4	2	2	2	3
田町インノウ																				
田町オクガイト															1					4
小 計	2	1	4	4	1	0	0	1	2	1	3	3	7	9	14	13	24	15	19	19	30

	1800													1900					
	5	6	7	8	9	1	2	3	4	5	6	7	8	9	1	2	3	4	5
春 明 院		1	3		1		2	1	1	2				1		4			1	1
ド サ カ	7	12	9	4	6	7	5	9	8	6	9	8	8	10	15	10	17	10	13	12	5
ムシロデン	1	6	2	4	2	3	4	4	1	9	3	2	7	4	7	3	5	7	5	4	2
仏 法 寺	2	1	2	2			4	2	2	3	2	1	4	4	3	7	8	9	9	11	4
地 蔵 院	1		3	4	3	2	2	2	2	5	9	5	6	4	2	12	12	11	8	12	5
コ フ ケ	1	1			1			1								1					
草 尾 家	1		1	1							1	1		1	2	1	2	2	3	2
田町マエ		4	4		2	1	2		1	2	1	2	1	3	1	3	6	6	3
田町インノウ			1			1		1				1			3	1	3	1	2	4
田町オクガイト	1		1	1				1		1		2	2	1	4	1	4	9	12
小 計	14	26	25	16	16	13	20	21	16	27	26	19	30	27	34	43	52	50	54	62	19

	2000				年記計	無年記計	総 計
	6	7	8	9			
春 明 院		1	1	1	44	33	77
ド サ カ	7	2	2	2	275	165	440
ムシロデン	4	2	2	5	121	35	156
仏 法 寺	2	3	3	1	102	47	149
地 蔵 院	5	7	6	5	144	26	170
コ フ ケ		1			14	86	100
草 尾 家		1		1	27	12	39
田町マエ	1	4			68	67	135
田町インノウ	1	1	2	4	26		26
田町オクガイト	5	1	6	4	61		61
小 計	25	23	22	23	0	875		1,353

図 2.7 奈良県旧山辺郡都祁村吐山の石塔建立の変遷

2.2 葬儀の民俗伝承の事例差とその読み解き

伝承されていた伝統的な葬送の儀礼や作業のなかのそれぞれ特徴ある伝承とその意味についてであった．たとえば，葬儀の手伝いについての事例差である．

1970年代から始めた自分の民俗調査体験から指摘できることは，葬儀の手伝いの人間とは，A 血縁（けつえん）（血縁的関係者＝家族・親族）・B 地縁（ちえん）（地縁的関係者＝近隣組・講中）・C 無縁（むえん）（無縁的関係者＝僧侶）の三者に分類できるということであった[39]．それが，1960年代以降は B に社縁（しゃえん）（社縁的関係者＝学校・会社・役所・結社・団体など）を加えること，そして1980年代以降は，C に葬祭業者や火葬場の職員を加えることが必要となってきていた．2010年代の現在では，C の葬祭業者の関与が非常に増大化しているのが現状である．伝統的に A や B の担当とされてきた死体へ直接的に接触する作業は次の八つであった．

(1)遺体安置，(2)湯灌，(3)死装束作り，(4)納棺，(5)棺担ぎ，

(6)土葬の場合の穴掘りと埋葬，(7)火葬の場合の火葬，(8)遺骨拾いと納骨

そして，これまでの日本各地の民俗調査で理解されてきているのは，A の担当は，(1)，(2)，(4)，(8)であり，残りの(3)，(5)，(6)，(7)は B の担当という例が一般的で，なかには(3)と(5)は地方により A と B の両者もしくはいずれかというのが通常であった．

喪主みずからが墓穴を掘る　　一般的には，葬儀は村落内の組（くみ）とか講（こう）などと呼ばれる近隣組織が中心となって執行されるもので，B タイプが基本であり，地域社会の相互扶助の慣行が最もよく表されている民俗事象であると民俗学では理解されてきていたのであるが[40]，1980年代から90年代にかけての筆者の調査体験のなかでは，実際には(6)，(7)も A の担当であるとしてきている例が意外にも日本各地で少なくないことがわかってきていた．そして，かなり古い報告であったが，1939（昭和14）年に鈴木棠三が『ひだびと』7 (9)に報告した「陸中安家村聞き書き」[41]にあった次のような記事には驚いた．

「墓は，喪主が葬礼の前に必ず現場に行き，墓所に白紙をおき，五竜の位置をきめ，二鍬ばかり掘る．これをヤシキトリといっている」．

つまり，喪主が墓穴をみずから掘るというのである．このような重要な事例の報告が長い間無視されてしまっていたことはたいへん悔やまれることであった．

(2) 民俗伝承に対する比較研究という方法

そこで，あらためて葬送の作業分担をめぐる死者との関係のうえでの，A 血縁（血縁的関係者＝家族・親族），B 地縁（地縁的関係者＝近隣組・講中），C 無縁（無縁的関係者＝僧侶・僧などの宗教者・葬儀業者）」という三者の関与のあり方について検討してみる必要が浮上してきた．この場合にも，柳田の提唱した民俗伝承の比較研究法の活用が有効不可欠である．ここで，B 地縁的関係者が中心という 1960 年代までの日本各地で最も一般的であった事例から，A 血縁的関係者の関与が中心だという従来ほとんど注意されてこなかった事例まで，その両極端の事例が存在するという一定の幅のなかで，その中間的な事例も視野に入れながら，筆者の 1990 年代の調査事例のなかから，A 血縁的関係者，B 地縁的関係者の関与の比重の差異を示す四つの事例を選んで紹介してみると以下のとおりである[42)]．

〈事例 1〉 広島県山県郡旧千代田町（現在北広島町）

浄土真宗門徒の卓越した地域で，アタリと呼ばれる隣近所の数戸と講中と呼ばれる近隣集団の十数戸～二十数戸が葬儀の中心的な作業を担当して，死亡当日の最初から葬送の最後まで家族や親族は一切手出しせずに死者に付き添うのみ．最も地縁中心の事例．

〈事例 2〉 山口県旧豊浦郡（現在下関市）豊北町角島

死亡当日の第 1 日目だけは葬儀の準備をすべて家族と親族とで行ない，2 日目から隣近所の数戸と講中と呼ばれる近隣集団の二十数戸が葬儀の中心的な役割を分担する．地縁中心ではあるが死亡当日だけは家族や親族などの血縁者が葬儀の準備をするという血縁的関係者の担当部分を残している事例．

〈事例 3〉 新潟県中魚沼郡津南町赤沢

ヤゴモリと呼ばれる近隣集団が葬儀を手伝ってくれるが，棺担ぎや埋葬や火葬だけは死者の子供が中心となって行なう．遺体を扱う土葬の頃の墓穴掘りや埋葬，また火葬になってもその火葬だけは必ず家族や親族など血縁的関係者が行なうという事例．ヤゴモリも現在では近隣集団としての性格を強くしているがもともとは親族集団が変化したものである．

〈事例 4〉 岩手県下閉伊郡岩泉町

食事の準備から野辺送り，埋葬まで葬儀の作業の主要な部分はすべて家族，親

族が担当して，近隣集団には補助的な役割だけを頼む．葬儀は血縁的関係者が中心となって執行するものと決まっているという事例で，先に鈴木棠三が報告していた地域の事例．

これら事例を比較すると，事例4が最もAの血縁的関係者中心のタイプで，事例1が最もBの地縁的関係者中心のタイプで，それぞれ典型的で代表的な事例である．そして，事例3がAの血縁的関係者中心のタイプに近いがややゆるやかなタイプ，事例2がBの地縁的関係者中心的なタイプに近いがややゆるやかなタイプである．

a. タニンを作る村・シンルイを作る村

B中心の事例1からA中心の事例4まで，日本各地に伝えられているさまざまな変化型の存在は何を意味するのか．そこで注目されるのが，両者の中間のいわば媒介項的な事例の存在である．葬儀においてわざわざタニンを作るという事例とその逆にシンルイを作るという事例とが存在するのである．

〈事例5〉福井県敦賀市白木―タニンを作る村―

白木は近世以来ながく分家制限を行なってきており，現在も15戸だけで村が構成されている[43]．村中が親戚関係にある15戸は，自分の家に対して他の14戸との関係をオモシンルイ，コシンルイ，タニンの3種類に分けている（図2.8）．オモシンルイは村内の結婚で結ばれておよそ4代目までの家で5代目以降はコシンルイになるケースが多い．タニンには，「ほんまの他人で，血筋でつながらない」家と実際には血筋がつながっている従兄弟どうしの場合でも「家ごとのしきたりとしてタニンになっている」という例も少なくない．なぜタニンを作るのか，それは葬儀での棺担ぎと火葬で遺体を焼くオンボウ役をやってもらうためである．

近隣の美浜町菅浜や敦賀半島の縄間や立石では，親の葬式での墓穴掘りや棺担ぎの役は子供がするものだといっており，血縁的関係者が中心となって葬式を行なう事例が多くみられる．だから「菅浜では葬式は親と子だけでする．最後の別れだから親と子だけでするのが本当だと思う．白木のようにタニン任せにするのはおかしいと思う」という人も少なくない．つまり，この敦賀市域では遺体に接触する役である棺担ぎや火葬や埋葬は血筋のつながる身内の者があたるべきだというかたちが多く存在しているなかで，その一方，この白木のように血のつながる親戚関係の者のなかからわざわざタニンを作ってその役にあたってもらうとい

A欄の家番号からみた主親類・小親類・他人の関係

A\B	1	2	3	4	5	6	7	8	9	10	11	12	13	14	15
1		×	△	×	△	◎	◎	◎	◎	◎	◎	×	△	◎	×
2	△		◎	×	△	×	◎	△	◎	×	×	×	×	×	×
3	×	◎		△	×	×	×	×	◎	◎	×	×	×	×	×
4	×	×	△		×	×	◎	×	×	×	×	×	×	×	×
5	△	△	×	×		×	×	×	×	×	×	×	△	◎	◎
6	◎	×	×	×	×		◎	×	◎	△	×	△	×	×	×
7	◎	◎	×	◎	×	◎		◎	◎	◎	×	×	×	×	×
8	◎	△	×	×	×	×	◎		◎	△	×	◎	×	×	×
9	◎	◎	◎	×	×	◎	◎	◎		◎	×	×	×	×	×
10	◎	×	◎	×	×	△	◎	△	◎		×	△	×	×	×
11	◎	×	×	×	×	×	×	×	×	×		◎	◎	◎	×
12	×	×	×	×	×	△	×	◎	×	△	◎		◎	×	×
13	△	×	×	×	△	×	×	×	×	×	◎	◎		◎	◎
14	◎	×	×	×	◎	×	×	×	×	×	◎	×	◎		×
15	×	×	×	×	◎	×	×	×	×	×	×	×	◎	×	

◎：主親類、△：小親類、×：他人
本文にも述べたように家と家の関係が対応していない場合もある。

図 2.8 白木のオモシンルイ・コシンルイ・タニンの関係

うかたちができてきているのである．それはもともと棺担ぎや火葬や埋葬は血縁的関係者があたるかたちであったのが，そうではなく地縁的関係者があたるべきだという新たな考え方が起こってきてからのことと考えられる．実際にはA血縁的関係者なのに，B地縁的関係者になってもらうことによってその役を担ってもらうことができる，という考え方は，血縁以外の人に依頼すべきだという考え方が新たに起こってきたからこその工夫であったと考えられる．

〈事例6〉滋賀県蒲生郡竜王町綾戸—シンルイを作る村—

　綾戸はこの一帯の33カ郷の荘園鎮守社として古い由緒を伝える苗村神社の地元の約72戸の村落で，ほとんど地縁的な関係の家々からなっている[44]．その72戸のそれぞれにソーレンシンルイとしての付き合いができている家が決まっている．それは血縁関係の家もあるが，縁故不明の他人も多く含まれている（図2.9）．近隣関係でもなく相互的な関係でもない．人びとは「理由はわからないが，代々そうなっている」といい，葬儀のときには「大事なお方」だといっている．ソーレンシンルイの仕事の中心は葬儀の手伝いで，とくに埋葬墓地サンマイでの墓穴掘りと遺体の埋葬である．最近では火葬になったので埋骨するだけの約30cm四方の穴を掘るだけとなっているが，かつては棺を埋める大きな穴でなるべく深く

2.2 葬儀の民俗伝承の事例差とその読み解き

	18	松井良夫	母親の実家
	35	西村巳千治	No.18が親元
	37	勝見和夫	(縁故不明)
No.36 安井家 安井武	38	西村利和	(縁故不明)
	45	安井幸彦	本家
	58	田中義一	姉の嫁ぎ先
	62	小野定親	同じ定紋。No.45が本家
	64	勝見清一	No.18の兄弟
	7	福田茂	甥
	17	松井隆	(縁故不明)
	19	並川清	(縁故不明)
	29	勝見正	(縁故不明)
	34	布施元一	(縁故不明)
No.45 安井家 安井幸彦	36	安井武	新家
	44	安井正親	弟
	47	勝見明雄	隣人
	49	安井養治	(縁故不明)
	52	勝見正男	〃
	54	勝見総一郎	〃
	57	勝見貞夫	(縁故不明)
	59	勝見健男	(縁故不明)

図 2.9　綾戸のソーレンシンルイの例（安井武家と安井幸彦家の例．数字は調査時の家の整理番号）

掘ってもらっていた．ただし，掘る際には必ずサンマイまで喪家の主人がついていき掘る場所を指定した．サンマイは完全な共同利用の墓地で家ごとの区画はなかった．それで，埋葬のつど古くなった場所など適当な地点を選んだ．ソーレンシンルイのなかの墓穴掘り役の約 3，4 人はむやみにスコップを下ろしてはいけなかった．必ず喪主が指定し依頼した場所にスコップを下ろし，いったんスコップを下ろしたらそこから決して場所を変えてはいけないとされていた．

　この滋賀県をはじめ近畿地方の村落は，血縁的な同族集団の家々によって構成されているタイプの村落ではなく，この綾戸のように地縁的な家々によって構成されているタイプの村落が多いのが一般的傾向である．そして，葬送の儀礼や作業においては集落内の相互扶助によって棺担ぎや墓穴掘りや埋葬の役が近隣の家々の間で回り当番によって担当されていた．筆者の 1970 年代の民俗調査でも，たとえば京都府綴喜郡旧田辺町打田の事例では近隣の回り当番での墓穴掘りや埋葬の役が決められていた．しかし，その当番に当たっていわゆるオンボウ役の墓穴掘りや埋葬の役をつとめてもらった人たちに対しては，喪主とその妻が墓地からの帰り道の路傍で荒筵を敷いて土下座をして彼らにお礼の挨拶をするのがしきたりであった．また，そのようなオンボウ役をしてもらった人たちには，その作業の後でまずは風呂に入ってもらい，上座に座ってもらってお酒とごちそうとで

もてなすのが決まりだという例が近畿地方の村々では多くみられた．墓穴掘りや埋葬はそれほど重い役，ふつうは誰でも嫌う役であると位置づけられていたのである．しかし，この綾戸ではそのような喪主夫婦による土下座や風呂浴びや酒席の接待のしきたりはない．それはソーレンシンルイの家の人たちは他人ではあってもシンルイになってもらっているからだと考えられる．

b. 死体は腐乱と汚穢

人間は生きているうちはきれいだが，死んだらきたなくなる．死体は気味の悪いものである．直接体験してみればわかる．放っておけば体内に残っていた糞尿も出るし血液も体液も出てきて汚くてその始末に困る．そして腐乱が始まり，腐臭もただよいはじめる．汚く穢れたもので，誰も本当はさわりたくないものである．でも放ってはおけない．それをきれいな状態に保ってあげて，その死を悼み，一応の別れの儀式をして区切りをつけ，その後に埋葬や火葬をしてあげる役目をはたすのは，ふつうに考えれば，その死者に最も親近感を持つ人たち以外にはありえない．だから，民俗伝承のうえで，A＝葬儀は家族と親族が中心となって執行するというタイプと，B＝葬儀は隣近所や講の家々の互助協力によって行なわれるというタイプと，その両者があるという現実に対しては，実際の民俗調査でいくつかの死と葬送の現場に立ち会ってみれば，Aが生存的な自然的な関係からみて基本であり，Bが文化的で社会的な展開であるということが理解できる．死体の処理には一定の労働負担が必然である．Aはそれが自然のつとめだと考えられている．そして，その労働負担はもちろん無償である．それはそれぞれの社会で当然のこととみなされているからである．Bはそれが自然のつとめではなく社会的なつとめだと考えられている．その労働負担は無償ではない．相互扶助の原則のもとに相応の労働負担をおたがいに返しあう仕組みができていてそれが繰り返されている．Cはもちろん有償である．特別な知識と技能とがあるからである．有償に見合うほどの死者を送る荘厳が設営されるが，金銭や物品の支払いが行なわれることによってその感謝の気持ちに伴う「縁」，つまり社会的関係という「縁」の接続と継続とを切断している．だから無縁の立場の人たちだと位置づけられるのである．

c. A 血縁から B 地縁への変化

そうしてみると，Aの担当が無償で自然なもの，Bの手伝いが有償で労働負担

の相互交換という社会的なもの，Cのサービスは有償で経済的かつ文化的なもの，と分類できる．そうであれば，上記の事例1，事例2，事例3，事例4を比較してみると，最も自然で基本的なかたちというのは，むしろこれまではめずらしいタイプと思われていたAが主に担当する事例4や事例3が伝えているかたちであり，すべてBの担当という事例1はむしろ社会的な制度化が進んだ段階でみられるようになった極端なかたちであると考えられる．事例2で死亡当日だけは家族や親族が担当するというのは，Bの担当へと制度化されながらももともとはAが担当すべきものだという考え方が残っていて，そのようなかたちが伝えられているものと考えられる．そして，シンルイを作る事例6の竜王町綾戸のような事例は死穢を発する死体を埋めるような人が嫌がる仕事はシンルイになってもらうことによってお互いに頼みあえるというかたちが工夫されているものと考えられる．死体の処理は実際はBが担当しているのに考え方としてはAがするものだという考え方が残っているタイプである．一方，タニンを作る事例5の敦賀市白木のような事例は実際はAが担当しているのに考え方としてはBが担当すべきだという考え方が起こってきているタイプである．綾戸の事例の方がまだAが担当するものだという古い考え方が残っている過渡期の事例であり，白木の事例の方がBが担当するものだという新しい考え方に変わってきている過渡期の事例であると位置づけられる（図2.10）．

d．重出立証法の有効性

こうして日本各地の葬送事例を柳田の提唱した比較研究法の視点でみてみるならば，古いかたちのA血縁的関係者が主として担当するという事例から，新しいかたちのB地縁的関係者が主として担当するという事例まで，その両極端な事例が存在しながら，その中間的な事例も数多く存在するということがわかってくる．つまり，A血縁からB地縁へ，という歴史的な変化を示すその段階差がそれぞれの事例差の中に伝承されているのである．このようなとらえ方が柳田國男が民間伝承学，民俗伝承学の視点と方法として力説した重出立証法であり，それに学びさらに継承発展させようとする私たちや若い次世代の研究者が学ぶべき視点なのである．日本民俗学（民俗伝承学・伝承分析学）の重出立証法というのは，文献史学（狭義の歴史学）のただ一つの文書や記事でも有効な根拠とできる単独立証法と対比される方法として名づけられた方法である．日本各地のなるべく多

図 2.10　A 血縁と B 地縁の比重の事例差

くの事例情報を調査蒐集して分類し整理してそれが発信している歴史情報を読み取ろうとする方法なのである．柳田が提唱したもう一つの比較研究の視点と方法である方言周圏論は，民俗の分布に注目して「遠方の一致」にその意味を見いだそうとしたものであるが，重出立証法というのは必ずしも分布の傾向性を根拠として論じるものではない．地域ごとの事例差のなかに歴史的な変遷の段階差を読み取ろうとする方法なのである．

(3) 歴史記録から
a. 古代中世の往生伝や説話類からの情報

民俗は伝承 tradition である．伝承 tradition は現在の情報であると同時に歴史を背負った情報である．その意味を考えるうえでは，歴史的な情報にも注目してみる必要がある．ただし，古代中世の一般庶民の葬送の実際や実態に関する記録情報は少ないのが実情である．わずかに往生伝の類や仏教説話の類などのなかにいくつかの参考情報がある程度である．本来の文献史学ではしょせん第二次史料，第三次史料のレベルのものでしかない．伝承分析の学問としての民俗伝承学の立場からも，それらの文学的な作品のなかの情報は史実の確認という意味ではなく，平安時代後期から鎌倉時代にかけての当時の社会のあり方を反映しそれを伝えている参考情報であろうということを考慮したうえで，いくつかの記事に注目してみる．それらによれば，やはり葬送は基本的に，A 家族や親族の役割であり一定の資財が必要不可欠とされていたことがわかる．

史料 1　『拾遺往生伝』(1099-1111 年頃成立) 巻中第 26 話　「下道重武者，左京陶化坊中之匹夫也．…(中略)…宅無資貯，又無親族，死後屍骸，誰人収斂乎，遺留妾児旁有労，」

史料 2　『拾遺往生伝』巻上第 19 話　「汝是寡婦，争斂死骸，為省其煩，故以離居．」

史料3　『今昔物語集』(1120年代成立) 巻24 第20話　「其女父母モ無ク親シキ者モ無カリケレバ，死タリケルヲ取リ隠シ棄ツル事モ無クテ，屋の内ニ有ケルガ，髪モ不落シテ本ノ如ク付タリケリ」

史料4　『今昔物語集』巻28 第17話　「(死んだ僧が) 貧カリツル僧ナレバ，何カガスラムト推量ラセ給テ，葬ノ料ニ絹，布，米ナド多ク給ヒタリケレバ，外ニ有ル弟子童子ナド多ク来リ集テ，車ニ乗セテ葬テケリ．(中略) □ガ葬料ヲ給ハリテ，恥ヲ不見給ヘズ成ヌルガウラヤマシク候也．□モ死候ヒナムニ，大路ニコソハ被棄候ハメ．」

史料5　『沙石集』(1279-1283年頃成立) 巻1 第4話　「母ニテ候モノノ，悪病ヲシテ死ニ侍リケルガ，父ハ遠ク行テ候ハズ，人はイブセキ事ニ思ヒテ，見訪フ者モナシ．我身は女子ナリ．弟はイヒガヒナシ．只悲シサノ余ニ，泣ヨリ外ノ事侍ラズ．」

史料6　『八幡愚童訓』乙 (1299-1302年頃成立) 下巻第3話　「我母にてある者の今朝死たるを，此身女人也，又ひとりふどなれば送るべきにあらず，少分の財宝もなければ他人にあつらへべき事なし．せんかたなさのあまりに立出たる計也．」

史料7　『八幡愚童訓』乙 下巻第4話　「近来備後国住人覚円と云し僧，大般若供養の願をたてて当宮に参宿したりしが，世間の所労をして死にけり．無縁の者なりければ実しき葬送なんどに及ばずして，さかが辻と云所に野すてにしてけり．」

b.「野棄て」もあり

　史料1では，「宅無資貯，又無親族，死後屍骸，誰人収斂乎」，「遺留妾児旁有労」と，史料2では，「汝是寡婦，争斂死骸，為省其煩」とある．つまり，資財や親族がない場合には誰も死骸を収斂してはくれないというのである．史料3では，親族がいなければ誰も死骸は処理せずに死後は放置されるといっている．史料4では資財があれば立派に死骸が処理され葬送が行なわれる，ということがわかる．史料5や史料6からは親族がなく財宝もなければ他人に葬送を依頼することはできない，史料7からは親族がいなければ野棄てにされる，ということがわかる．平安時代から鎌倉時代の社会では，死と葬送は家族や親族の負担で処理されるのが当然であり，それがなければ資財をもって他人に依頼することもできた，しか

し，そのいずれもない場合には「野棄て」にされてしまうと考えられていたことが，これらの記事からわかる[45]．

c．近世史料にみる講中の形成

では，事例１の広島県山県郡旧千代田町域（現北広島町域）の事例のように，死亡直後から火葬など葬送の終了まですべての作業を近隣集団の手に委ねるという極端なＢ地縁中心的な方式が実現してきているその背景にあったのは何だったのか．それはたとえば事例１の場合，浄土真宗門徒の講中の形成であったと考えられる．その講中の形成を示す史料情報の一部が史料8，史料9である．講中の活動は日常的には毎月１回の宿を決めての小寄講と，年に１回の盛大な報恩講である．そして，その講中の果たす最大の役割が村落内の相互扶助であり，葬儀の際の徹底した互助協力であった．

史料8　「戸谷村浄円寺ニ付村中定書一札」1677（延宝5）年戸谷村（現在北広島町）浄円寺所蔵

一，浄円寺殿所之者持居不申候ニ付かんにん罷成不申候て今度銀山一門之所へ牢人仕候ニ付，御公儀様より急度呼戻し所之すまひ仕候様ニと被仰付候ニ付皆々立相談仕，所之茶香とき坊主ニ仕，所に置申様ニ仕候事相違無御座候事，

一，鶉木之者共ハ親々申定候通ニ手次ニ可仕候，村中茶合之儀者当月より浄円寺殿ニてよろこひ可申候，（中略）　右之条々無相違様ニ可仕候，若相違候ハヽ此書物を以庄屋組頭小百姓ニ至迄越度ニ可罷成候，為後日如件

　　　延宝五年巳ノ七月廿七日　　　　　　　　戸谷村　組頭　七郎左衛門　印
　　　戸谷村　浄円寺　殿　　　　　　　　　　　（以下計7名連署　印）
　　　同村　　庄屋　忠左衛門　殿

　この文書は戸谷村（現在広島県北広島町戸谷）の浄円寺の住職が地域の者と折り合いが悪くなり石見国大森銀山幕府代官領内に立ち退いた事件に対して，もとの戸谷村の寺に帰るように働きかけて，その待遇を明示したものである[46]．石見国大森の銀山領から帰ってきた住職に対して組頭が連名で「所之茶香とき坊主」として遇することを約束している．この「茶香」とは現在も安芸門徒の間で行なわれている「お茶講」のことと思われる．次の「村中茶合之儀」も同様で，この時期に早くも講中の会合が行なわれていたことがわかる史料である．

史料9　「広島の仏護寺から西本願寺への書状」『安芸国諸記』丑（1781（天明1）

年11月18日）春の条

「当国諸郡村門徒法用之儀者，従往古城下寺庵之門徒ニ而茂，其村々寺庵之ヨリ報恩講並毎月大寄小寄講等相勤，寺相続致来候」（下線筆者）

この史料は1781（天明元）年11月18日付の広島寺町の仏護寺から京都の西本願寺の僧官に提出した書状の一部である[47]．「其村々寺庵之ヨリ報恩講並毎月大寄小寄講等相勤」とあるように，天明期には安芸門徒のほとんどの村で報恩講や大

図2.11 広島県北広島町域における昭和30年代初頭の葬列を組んでの野辺送り 棺担ぎは講中の者で，当番にあたった四人（坪井洋文撮影・以下図2.13まで）．

図2.12 ヤキバでの葬儀
僧侶は浄土真宗で頭髪あり．念仏のなかで関係者が焼香をしている．

図 2.13 ヤキバでの火葬の準備
手前に棺がみえる．燃料用の大量の藁．火葬をするのは当番にあたった講中の人たち．棺担ぎの人と同じ．

寄小寄などの行事と講中ができていたことがわかる．つまり，事例 1 にみられたような，地元の講中が徹底的に葬儀の手伝いをするという方式が形成されてきたのは，近世の檀家や門徒の制度の整備に連動するものであったことが推定されるのである．そして，このような講中による葬儀がその後近代以降も長く，昭和 30 年代まで，高度経済成長期（1955-73）を経るなかでの生活の激変に至るまで，伝えられてきていたのであった（図 2.11〜2.13）．

2.3 現代社会と葬儀の変化

(1) ホール葬の威力

近年の葬祭業者の関与と新型公営火葬場の設営と葬祭ホールの利用という全国的な動きは，事例 1 の広島県山県郡旧千代田町域（現在北広島町域）においても例外ではない．2008 年の JA 広島北部の「北広島町虹のホール」の開業はそれまで伝統的であった根強い安芸門徒の講中による相互扶助の葬儀を大きく変換させてきている（図 2.14）．JA 虹のホールの職員が主導する葬儀となり，講中の手伝いが不要となってきているのである（図 2.16, 2.17）[48]．

広く長い日本歴史のなかで，葬儀の主たる担当者は，A 血縁的関係者から B 地

図 2.14　JA広島北部の北広島町虹のホール　　図 2.15　JA広島北部の北広島町虹のホールの正面玄関

縁的関係者へという大きな変化の波を刻んできているということが，いまみてきたように民俗伝承と歴史記録から想定されるわけであるが，戦後の高度経済成長期を経て急激に葬祭業者の参入へという動きが加速しそれが最近では葬祭場の利用へ，つまり C 無縁的関係者の主導へという変化がいま起こってきている（図 2.18）．つまり，葬儀の主たる担当者は歴史のうえで，A→B→C という大きな三波展開を刻んでいるということができるのである．このような民俗伝承の比較研究という方法と記録資料の追跡という方法の併用によって，民俗つまり伝承文化の変遷史を明らかにしようというのが，日本民俗学（民俗伝承学）の「変遷論」という視点なのである．

(2) 分析概念としてのオヤオクリ

一方，そのような葬送習俗の変遷史のなかでも変わることなく伝承され通貫している部分もある．それに注目するのが「伝承論」という視点である．そして，その点からいえば，葬儀つまり死をめぐる儀礼的対応は，基本的に生の密着関係が同時に死の密着関係へと作用して長い歴史の流れのなかでもつねに親子などの血縁関係者が葬儀の基本的な担い手とみなされてきている，という事実が注目される．これまで B の地縁的関係者が主に分担してきた葬儀の場合でも，土葬の場合には最初の一鍬の土を棺にかけるのは喪主だとされ，火葬の場合にも最初に火をつけるのは喪主だとされてきていた．ここで紹介した事例 6 滋賀県竜王町の場合でも，埋葬墓地サンマイは完全な共同利用で家ごとの区画はなく埋葬のつど古

葬儀施行料金

葬儀コース　（　）内はJAの組合員価格
　風：393,750円(372,750円)　　14尺　生花祭壇
　光：551,250円(530,250円)　　20尺　生花祭壇
　虹：708,750円(687,750円)　　20尺　行灯付　生花祭壇
　神式：393,750円(372,750円)　14尺　白木祭壇
このコース料金に含まれる葬祭具、備品等は以下の通り。
　1 葬儀会館使用料　　　　2 お供花(枕花1基)　　3 お棺(仏着等含む)
　4 電照写真、遺影写真　　5 焼香設備　　　　　 6 ローソク、線香など
　7 受付設備(文具、記帳品一式)　　8 提灯　　　9 式場案内板、道順案内板
　10 骨壺(分骨壺・骨上箸)　　　　11 大紙華　　12 灰葬紙華
　13 司会、アシスタント
なお、
　①コース外の葬儀施行料金については、別途ご相談に応じさせていただきます。
　②お棺を上等品に変更する場合は追加料金となります。
また、上記の料金に加算されるオプションとしては以下のもの。
(1)主な葬祭具、備品等
　ドライアイス　1回10kg　6,300円　　　後飾り祭壇セット　1セット　5,250円
　お葬儀セット　1セット　4,200円　　　会葬礼状　100枚〜　8,058円〜
　会葬返し　1個　525円　　　　　　　　生花・果物かご　1対　21,000円
　おとき膳(精進料理)　1人前　1,575円　お汁　1人前　210円
　寝具セット　1セット　3,150円　　　　お泊りセット　1セット　525円
　集合写真　1枚　17,320円　　　その他　遺体搬送、マイクロバス、飲料ほか
(2)通夜会館使用料　31,500円
(3)精進落とし料理も別途承ります。

図2.16　JA虹のホールの葬儀施行料金

通夜から葬儀までの流れ

ご一報⇒ご相談・打ち合わせ⇒お通夜⇒ご葬儀・告別式⇒ご出棺
葬儀前日…ご遺体の搬送　　病院等へ故人をお迎え。自宅または会館まで搬送
　　　　　各種手続き　　　火葬許可書、お寺様の手配など
　　　　　打ち合わせ　　　当家、または会館にて葬儀施行の打ち合わせ
　　　　　　　　　　　　　(御供え(生花、果物かごなど)のご注文を承ります)
　夕方…御通夜　　　　　　通夜は自宅、または会館式場
　　　　　　　　　　　　　(会館で執り行なう場合は親族控室をご用意しております)
　夜間…宿泊　　　　　　　(親族控室にて仮眠いただけます)
葬儀当日…本葬打ち合わせ
　開式1時間前…葬儀進行の打ち合わせ
　開式30分前…ご導師と打ち合わせ
　開式…本葬開式　　　　　式場にて葬儀
　開式1時間後…出棺　　　 開式より約1時間後、ご出棺
　開式2時間後…会食　　　 会食室にて仕上げ膳(自宅でもご準備することができます)
　拾骨　　　　　　　　　　火葬場にて拾骨

開業当初の「虹のホール」利用状況

平成20年度(2008年(平成20)7月〜09年(同21)3月)
　29例　　旧千代田町24例、旧大朝町1例、安芸高田市旧八千代町1例
21年度(2009年(平成21)4月〜10年(同22)3月)
　87例　　旧千代田町67例、旧大朝町12例、その他旧豊平町など8例
22年度(2010年(平成22)4月〜11年(同23)2月)
　90例　　旧千代田町69例、旧大朝町17例、その他旧豊平町など4例

当時の北広島町の人口　　　　　　　　　　　(単位：人)

年度 (3月末)	町全体	旧千代田町	旧大朝町	旧豊平町	旧芸北町
平成20年度	20,640	10,614	3,166	4,135	2,725
21年度	20,408	10,569	3,095	4,077	2,667
22年度	20,229	10,530	3,075	4,020	2,604
23年度	19,994	10,452	3,061	3,917	2,564

図2.17　JA虹のホールでの葬儀、利用状況

2.3 現代社会と葬儀の変化

1986年(昭和61)から2006年(平成18)までの葬儀とその変化

1986年(昭和61)12月24日　男性(88歳)
　この1980年代半ばの時期には，まだこの地域で伝えられていた伝統的な葬式であった。

1989年(平成元)11月4日　男性
　このときも本膳が100人分も用意されたが，喪家の方からは多すぎるくらいだから止めてもらってもいいですよ，とのことであった。しかし，そういうわけにもいかないので，これまでどおりに用意して100人分となった。「送り膳」といって講中のなかでも隣りのクミ(組)の家々や，カナオヤなどをはじめとして，クミ(組)以外の特別なつきあいのある家に配る膳も用意されていた。

1990年(平成2)2月5日　男性
　このときには「送り膳」が7個のはずであったが，今回からは「送り膳」はなしということに決定した。

1990年(平成2)7月14日　男性
　このときには，ご飯や味噌汁や漬物などはこれまでどおり作るが，おかずはパックで150人分ほど新見仕出しセンターからとった。しかし，パイン缶詰やさくらんぼなどが入っており，黄色や赤色は葬式にはおかしいのではないか，もう少し色どりを地味にしてほしいとお店に言いに行ったこともあるという。

1991年(平成3)2月28日　男性
　これまでは葬式も本膳のオトキも喪家であったが，このときは葬式は喪家で行なったが，本膳のオトキは集会所で食べた。パックはとらずむかしからの料理と献立で葬儀の本膳は130人分用意した。このときは通夜から葬式の2日間で喪家から提供された米1斗4升が消費されている。

1995年(平成7)3月14日　男性
　これまでどおりの賄いで本膳70人分が用意されている。料理は集会所で作りそこで食べるかたちへとなってきている。

2003年(平成15)10月18日　女性
　おかずだけの1000円のパックがとられているが，その他の料理も作られており，米は喪家から2斗ほど用意され，そのうち1斗2升が消費されている。このときから通夜菓子はなしとした。これまでは他所から通夜に来た人に菓子を配っていたが，それを止めることとした。通夜は親類も含めて友人など他所から来る人のためのもので，講中など地元がくるのはクヤミ(悔やみ)という。講中は通夜には参加しない。

2006年(平成18)7月17日　女性
　炊事は集会所でして通夜の晩御飯はそれを食べた，翌日の葬儀は喪家でした。昼の本膳は御飯付きのパック80人分を購入した。みそ汁などは作った。通夜に来た人へはお茶も出さないように決めた。また都合で葬儀の手伝いに出られない場合にはこれまでは代わりの人を立てていたが，そのときの判断にまかせて代わりの人を立てないでよいこととした。

図 2.18　北広島町壬生の下川東講中の中組の例

くなった場所で適当な地点を選んでいたが,墓穴掘り役の約3,4人はむやみにスコップを下ろしてはならなかった.必ず喪主が指定し依頼した場所にスコップを下ろし,いったんスコップを下ろしたらそこから決して場所をかえてはいけないとされていたのである.それは葬送というものは家族や親族がみずから行なうものだという不文律があったからこそ,そのようなしきたりが根強く残され伝えられてきていたのだと考えられる.葬儀をめぐるそのような変わりにくい伝承から注目されるのが,民俗の中に伝えられてきている「親送り」という言葉である[49].親を送るのは子のつとめだという言葉である.それをここであらためて抽象化して提示するならばオヤオクリという分析概念として提出できるであろう.それは前述のように,生の密着関係が死の密着関係へと作用するという,社会的に伝承されてきている義務的な観念である.これから近未来の日本社会でますます主流となっていくであろう,Cの無縁的関係者たる葬祭業者が主となって行なう葬儀の場合でも,火葬の点火のスイッチを押すのが喪主の役目だとされる伝承は根強く伝えられていくことであろう.近年の「家族葬」の流行も,葬儀の基本がオヤオクリにあるということを表している一つの歴史上の現象としてとらえることができる.かつて柳田國男の指導のもとに「児やらひ」という民俗の言葉に注目したのは大藤ゆきであったが[50],親子の関係を生と死という存在論的な枠組みから対比的にとらえてみるならば,その「児やらひ」と「親送り」という民俗の言葉があらためて注目される.そこでここに,日本の民俗伝承のなかから抽出される生と死をめぐる親子の関係と結びつきを表す概念として,「ハレとケ」のような対概念にならうならば,「コヤラヒとオヤオクリ」という対概念を設定することができるであろう.

　日本の葬送の民俗伝承から日本民俗学(伝承分析学)がその視点と方法によって抽出できる「変遷論」とは,日本歴史の中での「A血縁→B地縁→C無縁」という葬儀の担い手の三波展開の民俗変遷史であり,「伝承論」とは,親と子の生と死の民俗に通貫している「コヤラヒとオヤオクリ」という不易の概念なのである.

注

1) 現在の日本学術振興会の科学研究費助成金の制度のうえでは,民俗学は文化人類学の一分野

と位置づけられている．それは柳田國男の創生した日本民俗学を学術世界に正統に位置づけようとした石田英一郎をはじめとするおおぜいの研究者の努力の結果であり，それは現実的で社会的な重要な意味を持っている．民俗学の継承と発展のために筆者たちもその恩恵を受けてきたことは事実である．理解のうえでの協力関係ということが重要である．

2) 新谷尚紀（2011）民俗学とは何か―柳田・折口・渋沢に学び直す―，pp.6-10，吉川弘文館．
3) たとえば，鹿野政直（1983）近代日本の民間学（岩波新書）は，柳田の民俗学への温かい理解に満ちた著書であるが，柳田がその学問を国民一人ひとりの学問としたいと意図するとともにその一方で確実に日本と世界のアカデミズムのなかに正統に位置づけられるように成長させねばならないと構想していた事実を必ずしも明示していない．その点では，柳田の民俗学への同情はあるが，一般読者に曖昧な理解を導く懸念もある．著者の真意に注意して読まれるべき書である．なお，民俗学内部でもこの「官の学問」と「野の学問」の対比とその意味について，そのちがいを明示していない例が残念ながらある．たとえば，岩本通弥ほか（2012）民俗学の可能性を拓く―「野の学問」とアカデミズム―，青弓社や，菅豊（2013）「新しい野の学問」の時代へ―知識生産と社会実践をつなぐために―，岩波書店は，いずれも内容的には高く評価されるものであるが，「官の学問」と「野の学問」という対概念の理解という点では十分でない．柳田國男による日本創成の民俗伝承学 traditionology という肝要な論点が明示されておらず，「野の学問」であるという自己説明だけでは，日本民俗学の独創性への理解を客観的に導くことは難しく，むしろ安易な感覚的誤解を増幅させる懸念さえある．
4) 折口信夫（1971）民間伝承学講義．折口信夫全集 7（ノート編），中央公論社（大正 9 年末から翌 10 年にかけて行なわれた國學院大学郷土研究会での特別講義）．ただし，昭和 12 年から翌 13 年の，民俗学への導き．折口信夫全集 7（ノート編），中央公論社では，民間伝承学は完全な語であるが長すぎるのといろいろな語があると混乱するので民俗学という名称を使いたいと述べている．深い思案のなかでのこの折口の判断とその真意とをいま読み取ることができよう．
5) この語は英語ではまだ存在しない語で，社会人類学のトム・ギル Prof.Tom Gill の教示によれば，W.W. Newell, 1906 年，Journal of American Folk-lore で，The phenomena of traditionology , if the term may be allowed, have therefore some resemblance to those of botany, と「このような表現は認めていただけるなら」と述べているのが実情である．また，フランス語でも，A.V. ジェネップ A.V. Gennep が，Le folkloriste s'adresse aussi a ses lecteurs, en leur demandant conseil quant au nom de la discipline：Admettra-t-on un jour traditionologie, populologie, populographie ou populosophie？Si un lecteur peut nous offrir une solution raisonnable, nous lui en serons tous reconnaissants. と述べている程度である．現在の学術世界ではまだ受け入れられていない語ではあるが，むしろ日本の民俗学がこれからしっかりと研究の内実をあらためて調えながら発信していく必要のある名乗りの語である．
6) 新谷尚紀（2009）伊勢神宮と出雲大社―「日本」と「天皇」の誕生―（講談社選書メチエ），新谷尚紀（2013）伊勢神宮と三種の神器（講談社選書メチエ），などがその成果として提示してきているものである．
7) 伝承論には，「広義の伝承論」と「狭義の伝承論」とがある．「狭義の伝承論」は継承論の意味でもあるが，「広義の伝承論」は変遷論と「狭義の伝承論」（継承論）の二つからなる．

8) 柳田國男（1929）蝸牛考（定本柳田國男集18），刀江書院．
9) 柳田國男（1929）贄人考．三宅博士古稀祝賀記念論文集（定本柳田國男集15），岡書院．
10) その柳田や折口に学びながらそれを再構築しようとする現在の民俗学，民俗伝承学は，変遷論の観点からは，墓と葬儀の歴史（新谷尚紀（1991）両墓制と他界観，吉川弘文館，同（2008）「石塔と墓籍簿—実際の死者と記録される死者：両墓制・単墓制の概念を超えて—．国立歴史民俗博物館研究報告141，同（2015）葬式は誰がするのか—葬儀の変遷史—，吉川弘文館など），また，盆行事の列島規模での変遷論（関沢まゆみ（2013）『戦後民俗学の認識論批判』と比較研究法の可能性．国立歴史民俗博物館研究報告，178（国立歴史民俗博物館開館30周年記念論文集Ⅰ），同（2015）盆行事と葬送墓制，吉川弘文館などの成果を提示してきている．一方また，伝承論の観点からは，「ケガレとカミ」という分析概念の提示（新谷尚紀（1987）ケガレからカミへ，木耳社，新谷尚紀（2013）ケガレの構造．岩波講座日本の思想6，岩波書店）などでその成果を提示してきている．
11) たとえば，1960（昭和35）年5月13日に千葉市で開かれた房総民俗会主催の「柳田国男先生を囲む会」で，柳田は「日本民俗学の頽廃を悲しむ」という講演を行なっている．高齢化のなかで，その講演は内容がよくわからないものであったという語りも一部にはあったが，それは柳田の民俗学への理解が及ばない人たちの語りであって，決してそうではない．その講演の冒頭で柳田は，「隠居老人のごとく，だいぶん過ごしてしまって，あとどうなるのか．猫も杓子も民俗学というが，そうでもなさそうなのが，まじっている．で，私のように欲望のないのが現われて，苦労をしている」（菱田忠義のノートより）などといい，柳田の学問の独創的な視点と方法論とが理解されず継承もされない当時の状況を深く悲しんでいたことがわかる．柳田への無理解と誤読の流通は，柳田の最も重要な著書『先祖の話』に対してもみられる（新谷尚紀（2011）民俗学とは何か—柳田・折口・渋沢に学び直す—，前掲注2）のpp.133-136を参照のこと）．たとえば柳田の民俗学を「祖霊信仰神学」だと決めつけるようなレッテル貼りの流通である．柳田の学問の基本に先祖祭祀を重視する視点が濃厚であったことは確かであり，中村哲（1967）柳田国男の思想，法政大学出版局は一定の柳田理解のなかでの一解釈であったといえるが，その延長線上に現れた，藤井正雄（1971）無縁仏考．日本民俗学，74（葬送墓制研究集成2，（1979））や，鈴木満男（1972）盆に来る霊—台湾の中元節を手がかりとした比較民俗学的試論—．民族学研究，**37**(3)（マレビトの構造—東アジア比較民俗学研究—，三一書房（1974））では柳田を熟読しないままの牽強付会が多く，柳田門下の民俗学の立場であるはずの桜井徳太郎（1974-75）柳田国男の先祖観．季刊柳田国男研究，7，8，井之口章次（1986）柳田國男の祖霊信仰論．近畿民俗，109（生死の民俗，名著出版（2000））にも，それら流行的な柳田批判の論調への便乗追随的な誤読が続いた．
12) 岡正雄の柳田への理解の問題点については，新谷尚紀（2011）民俗学とは何か—柳田・折口・渋沢に学び直す—，前掲注2）のpp.67-77，pp.94-101，pp.124-128を参照のこと
13) たとえば『日本民俗学大系2』には，「日本民俗学の課題と方法」という章立てがなされているが，そこには柳田の独創性や折口の深い理解に学ぶ姿勢はうかがえない．これより早く民俗学研究所の1948（昭和23）年6月と8月の研究会で，関敬吾が「民俗学の方法論」と題して2回にわたって，民俗学の方法には歴史的方法，地理的方法，社会的方法，心理的方法がある，という論点が曖昧な内容の発表をしたのに対して，柳田は明確に「歴史は我々の目

2.3 現代社会と葬儀の変化

的であって方法ではない」と否定している（民間伝承，**12**(8・9) 1948）．新谷尚紀（2011）民俗学とは何か―柳田・折口・渋沢に学び直す―（前掲注2）の pp.148-149 を参照のこと．なお，この大系刊行当時の状況を伝えている情報としては，大藤時彦がその大系への原稿執筆を拒否したという事実，柳田国男伝，三一書房（1988）の p.1108 の記述，また鎌田久子（1996）蓑笠―ささやかな昔―（『鎌田久子先生古稀記念論集 民俗的世界の探求―かみ・ほとけ・むら―，慶友社，pp.41-42）の一文などが参考になる．

14) 東京教育大学は旧来の東京文理科大学と東京高等師範学校とを併せて 1949（昭和 24）年 4 月に設立された新制の国立大学である．その創設当初の文学部史学科に学科共通の講座として「歴史学」が設置され，それが 1952（昭和 27）年に「史学方法論」と改称されて新たに民俗学と考古学とを専攻する講座となったもので，史学科のなかに日本史学科，東洋史学科，西洋史学科，と並ぶ第 4 の教室として「史学方法論教室」が新設された．その後，東京教育大学は 1977 年度（昭和 52）をもって廃学となり（『東京教育大学文学部記念誌』1977），民俗学関連の教育の場は新しい筑波大学での学類や研究科のなかに継承された．

15) 史学方法論教室第 1 期生の平山和彦の体験談と筆者宛私信，および史学方法論教室初代助手の宮田登の発言，『渋沢敬三著作集 第 5 巻（付録 月報 5）（1993）による．なお，宮田登（1966）対日本民俗学批判についての一私見．民俗，65, 相模民俗学会には当時の心境が次のように記されている．「生前の柳田翁を知らず，大学で日本民俗学の講座を受けて育つ世代が，恐る恐る隣接科学と伍そうとする時，何ともひよわな思いに到る．自信をもって民俗文化の有効性を語ることが出来ない．常民といっても相手にさっぱり通じない．民俗資料蒐集の方法を疑い深い目で見られても余り自信がなくモタつく．自分の仲間だけ通じ合って満足するのは…（中略）…「井の中の蛙」同然であるとの感をいだかざるを得ない」．これが宮田の当時の本音であったといってよかろう．

16) 初期の論文が，福田アジオ（1974）民俗学における比較の役割．日本民俗学, 91, 同（1974）民俗学にとって何が明晰か．柳田国男研究, 5, 同（1974）柳田国男の方法と地方史研究．地方史研究, 127, であった（のちに，日本民俗学方法序説．弘文堂（1984）に収録）．その後，日本村落の民俗的構造．弘文堂（1982）（初出，村落生活の伝統．日本民俗学講座, 2 (1976) などの論文を収録）でもその主張が続いた．

17) 福田の「民俗をそれが伝承されている地域において調査分析し，民俗の存在する意味とその歴史的性格を，伝承母体および伝承地域において明らかにすることを民俗学の目的とすべきである」（福田アジオ（1974）民俗学における比較の役割．日本民俗学, 91, 前掲注 16））という提言に基づくものである．ただし，その福田に先行する論文として，宮田登の地域民俗学の提唱（宮田登（1967）地方史研究と民俗学．史潮, 100）があった．しかし，それらについては，「民俗を歴史的に認識する態度であって，かならずしも技術的な方法論といったものではない」との自らの評価，つまり態度であって方法論ではない，という宮田自身の理解が当初からあったのも事実である（宮田登（1977）第三節「郷土研究における常民」．ミロク信仰の研究新訂版，未来社）．しかし，宮田が，一つの態度であって方法論ではない，というその程度の福田の主張が，その後の東京教育大学の民俗学をはじめ，その他の大学の民俗学関係者へと，柳田の方法論否定への影響が無批判に拡大していったこと自体が，民俗学という未完成の学問の，脆弱さと不幸とを表していたのである．

18) 番と衆―日本社会の東と西―, 吉川弘文館（1997）（もとになった論考は，福田アジオ（1984）

民俗の母体としてのムラ．村と村人（日本民俗文化大系 8），少学館，同（1994）近世の村と民俗．岩波講座日本通史 13，岩波書店など）．

19）社会学の村落類型論の蓄積は多く，有賀喜左衛門の「家連合」論（村落生活—村の生活組織—，国立書院（1948），村の生活組織．有賀喜左衛門著作集 5，未来社（1968）），福武直の「同族結合」の東北日本型と「講組結合」の西南日本型という分類（日本農村の社会的性格，東京大学出版会（1949）），磯田進の「家格型」と「無家格型」という分類（村落構造の二つの型．法社会学，1（1591），村落構造の『型』の問題．社会学研究，**3**(2)（1951），村落構造の研究，東京大学出版会（1955）），川島武宜の「家凝集的」と「家拡散的」という分類（農村の身分階層制．川島武宜著作集 1，岩波書店（1982），イデオロギーとしての家族制度，岩波書店（1957）などを参照のこと．

20）民族学や社会人類学では，岡正雄たちの「同族制村落」と「年齢階梯制村落」という分類（岡正雄ほか（1955）伊豆伊浜部落の村落構造．人文学報 12），岡正雄（1958）日本文化の基礎構造．日本民俗学大系 2，平凡社，江守五夫（1966）社会構造—村落の社会組織に関する研究の回顧—．日本民族学の回顧と展望，日本民族学協会がある．なお，蒲生正男の「当屋制村落」という概念が成立しえないという点については，拙稿（2005）第二章分析概念と村落民俗誌．柳田民俗学の継承と発展，吉川弘文館を参照のこと．

21）関東の家と「番」，関西の個人と「衆」，というような単純すぎる把握は実態として無理であることが指摘された．伊藤良吉（1997）村落構造論．社会の民俗，講座日本の民俗学 3，雄山閣出版，関沢まゆみ（2000）宮座と老人の民俗，pp.39-40，吉川弘文館，同（2000）老いの価値—年齢の輪の発見—．往生考，小学館，同（2001）村落研究と民俗学．日本民俗学，227（この 227 号の印刷ミスの部分は 228 号に掲載）．

22）この点は，のちに岩本・福田論争の一端となる．岩本通弥（2006）戦後民俗学の認識論的変質と基層文化論．国立歴史民俗博物館研究報告，132 で，柳田國男の民俗学が「形」の変化を重視して民俗と生活の変遷過程の解読を主眼としたのとはまったく異なるものであり，福田の把握は「型」の理論であると批判した．また，個別村落の民俗調査と文献調査がそれぞれの村落と人びとの生活史を明らかにできるという福田の提唱する地域研究法は，地域完結的な方法にほかならず，それは柳田が最も否定した「劃地主義（かくちしゅぎ）」であり，この点でも柳田の民俗学とはまったく異なるのが福田の見解でありその主張であったことが指摘された．この岩本「戦後民俗学の認識論的変質と基層文化論」は，福田アジオの「民俗学」が，柳田國男の創始した民俗学とはまったく異なるものであることを論じた論文でもあった．そして岩本はすでに 1993 年の論文でもそのことを明確に指摘していた（岩本通弥（1993）地域性論としての文化の受容構造論—「民俗の地域差と地域性」に関する方法論的考察—．国立歴史民俗博物館研究報告，52）．岩本は，柳田の民俗学はその目的・調査法・分析法（資料操作法）にそれなりの一貫性があることを理解しており，福田の柳田への無理解，誤解を指摘していたのである．しかし，それが無視され，他の民俗学関係者にも理解されないままであったことは，まさに民俗学にとっての大きな不幸であった．この問題が 2001-06 年の岩本・福田論争によって再び浮上するのは必然的な展開であった．

23）宮本常一（1981）常民の生活．東日本と西日本，日本ディタースクール出版部．

24）網野善彦（1982）東と西の語る日本の歴史，そしえて．

25）福田アジオ（1992）柳田国男の民俗学，吉川弘文館．

2.3 現代社会と葬儀の変化

26) ①岩本通弥（1999）「節用禍」としての民俗学．柳田國男全集，月報17，筑摩書房，②岩本通弥（2002）『家』族の過去・現在・未来．日本民俗学，232，③日本民俗学会談話会（2003）『先祖の話』をどう読むか，1月，④福田アジオ（2003）誤読しているのはだれか．日本民俗学，234，⑤岩本通弥（2006）戦後民俗学の認識論的変質と基層文化論―柳田葬制論の解釈を事例として―．国立歴史民俗博物館研究報告，132，の一連の論文を参照のこと．
27) 日本民俗学会談話会（2003）『先祖の話』をどう読むか，1月開催．
28) 関沢まゆみ（2013）「戦後民俗学の認識論批判」と比較研究法の有効性．国立歴史民俗博物館研究報告，178（開館三〇周年記念論文集1）．
29) 新谷尚紀（1976）両墓制についての基礎的考察―両墓の形態より―．日本民俗学，105．
30) 新谷尚紀（1979）両墓制成立の一背景―死体埋葬区画の呼称より―．民俗と歴史，7．
31) 新谷尚紀（1991）両墓制と他界観．吉川弘文館．
32) 関沢まゆみ（2005）宮座と墓制の歴史民俗．吉川弘文館，同（2007）宮座祭祀と死穢忌避．排除する社会　受容する社会，吉川弘文館，がその点に注目した論考．
33) 新谷尚紀（2013）ケガレの構造．岩波講座日本の思想6，岩波書店，および，関沢まゆみ（2015）盆行事と葬送墓制，吉川弘文館の pp.219-223 を参照のこと．ケガレの観念には，A：人類一般の死穢や血穢などを忌み避ける観念と，B：日本の平安時代の摂関貴族の社会で歴史的，文化的に形成された触穢思想における死穢や血穢や罪穢れなどを極端に忌み避ける観念と，そのAとBの二つがありそれを区別すべきことが明らかとなった．
34) 新谷尚紀（1991）両墓制と他界観，前掲注31）（pp.127-164）．
35) 新谷尚紀（2004）村落社会と社寺と墓地―両墓制概念の克服：奈良県都祁村吐山の事例分析より―．国立歴史民俗博物館研究報告，112（後に（2005）分析概念と村落民俗誌―「当屋制」と「両墓制」：奈良県都祁村吐山の事例より―．柳田民俗学の継承と発展，吉川弘文館），同（2008）石塔と墓籍簿―実際の死者と記録される死者：両墓制・単墓制の概念を超えて―．国立歴史民俗博物館研究報告，141．
36) 関沢まゆみ（2011）土葬から火葬へ―火葬の普及とサンマイ利用の変化：滋賀県下の事例より―．民俗学論叢，26，同（2015）盆行事と葬送墓制，吉川弘文館．
37) 経済史学でいう狭義では1955年の神武景気から1973年の第1次オイルショックまで．しかし，民俗伝承学ではその後の生活変化を日本各地の現場で追跡する視点に立つ（新谷尚紀（2011）高度経済成長と農業の変化．国立歴史民俗博物館研究報告，171）．
38) 『国立歴史民俗博物館資料調査報告書9　死・葬送・墓制資料集成』東日本編1，2，西日本編1，2（総計約2000p.）（2000），国立歴史民俗博物館（2002）葬儀と墓の現在―民俗の変容―，吉川弘文館，国立歴史民俗博物館（2010）高度経済成長と生活革命，吉川弘文館，国立歴史民俗博物館研究報告，171（2011）．
39) 新谷尚紀（1991）両墓制と他界観，前掲注31），ここで「無縁」と類別するのは金銭的な報酬が介在する葬儀の職能者である．
40) 竹内利美（1991（初版1942））村社会における葬儀の合力組織．ムラと年齢集団，名著出版など参照のこと
41) 鈴木栄三（1939）陸中安家村聞き書き．ひだびと，**7**(9)．
42) この四つの事例の詳細な内容は，新谷（2015）葬送習俗の民俗変化1．国立歴史民俗博物館研究報告，191 に論述してあるので参照されたい．

43）関沢まゆみ（1997）他人をつくる村．比較家族史研究，11，後に，葬儀とつきあい．宮座と老人の民俗，吉川弘文館（2000）所収．
44）綾戸の民俗誌，東京女子大学民俗調査団（2003）．
45）文献記録を参照した葬儀や墓制の歴史については，筆者にも，生と死の民俗史，木耳社（1986），日本人の葬儀，紀伊國屋書店出版部（1992），お葬式─死と慰霊の日本史─，吉川弘文館（2009）などがあるが，文献史学でも1990年代からの研究進展がめざましい．高田陽介（1986）境内墓地の経営と触穢思想．日本歴史，456，同（1994）「村の墓・都市の墓」シンポに寄せて．遥かなる中世，13，水藤真（1991）中世の葬送・墓制，吉川弘文館，前嶋敏（1997）中世の葬送儀礼における遺体の移葬について─「移」・「渡」・「盗出」をめぐって─．中央大学大学院論究，**29**(1)，堀裕（1998）天皇の死の歴史的位置─「如在之儀」を中心に─．史林，**81**(1)，同（1999）死へのまなざし─死体・出家・ただ人─．日本史研究，439，細川涼一編（2001）三昧聖の研究，砺文社，勝田至（2003）死者たちの中世，吉川弘文館，同（2006）日本中世の墓と葬送，吉川弘文館，上島享（2010）〈王〉の死と葬送．日本中世社会の形成と王権，名古屋大学出版会（初出は2007），木下光生（2010）近世三昧聖と葬送文化，塙書房，島津毅（2013）中世の葬送と遺体移送─「平生之儀」を中心として─．史学雑誌，122編（6），などの蓄積がある．
46）『千代田町史　資料編　近世（下）』（1990）pp.443-444.
47）『安芸国諸記』丑（天明元年11月18日　春の条．なお，近世の安芸国における講中の形成についての先行研究には，沖野清治（1990）近世浄土真宗の寺檀関係と講中組織，兵庫教育大学大学院修士論文（1989年度提出）があり参考になる．
48）詳細は，新谷尚紀（2015）葬送習俗の民俗変化２─広島県山県郡北広島町域（旧千代田町）の事例より：2008年葬祭ホール開業とその前後─．国立歴史民俗博物館研究報告，191を参照のこと．
49）民俗学研究所編（1955）綜合日本民俗語彙1，平凡社，関沢まゆみ（1995）北巨摩郡柳沢の位牌分けと別帳場．日本民俗学，204（宮座と老人の民俗，吉川弘文館（2000）所収）
50）大藤ゆき（1944）兒やらひ，三国書房（後に岩崎美術社）．

〈付記〉本章の記述は，拙著『葬式は誰がするのか』吉川弘文館（2015）と一部重なる部分があります．

第3章 南西諸島における葬送・洗骨・墓参の変化

武井基晃

3.1 昭和から平成の「葬送」の変化
―『死・葬送・墓制資料集成』の追跡調査から―

(1) 南西諸島の文化

本章では葬送・洗骨・墓参について南西諸島を対象に論じる．つまり，今日の沖縄県域だけではなく地理的にも歴史的にも視野を広げ，筆者の調査成果（沖縄本島中南部および鹿児島県の奄美群島の沖永良部島・与論島）を活かして論じていく．そして日本本土（内地）とは異なる文脈での葬儀と墓の変化を示すという本書における本章の役割を果たしつつ，加えて，今日に至るまでの歴史的文脈を論じ，通時的な変化の帰結，さらにはその後の行く末についても射程とする民俗学の立場から実践的に考察することを目指す．

かつて，沖縄でみられる民俗に日本の古態をみようとした考えがあった．それは柳田國男の論文の一部を引用しての理解で伊波普猷や金城朝永以来のものであり，その継承の中から柳田批判が展開することとなったが，実はそれは正確な柳田理解ではなく，柳田には沖縄独自の文化とその変遷をみる沖縄認識が早くからあり，とくに昭和3年（1928）以降は，沖縄の民俗に日本の民俗の古形を見る視点から沖縄独自の変化に着目する視点へと展開していったということが，すでに赤嶺政信によって指摘されている（赤嶺，2008）．

琉球や沖縄の歴史的文脈を読み解くにあたって，今日の沖縄県域を対象とすれば十分なのかというとそうではなく，津波高志は奄美が薩摩の版図に組み入れられる以前は琉球だったことにまでさかのぼる．「奄美の元々の琉球文化は，薩摩・鹿児島の大和文化との長期的な直接接触によって変化してきた．その文化変容を沖縄県側から見ると，そこに見えてくるものは「奄美文化」という以外にはない

文化なのである．1609年の薩摩による琉球侵攻は，奄美における文化変化の方向性を沖縄とは異なる方に移行させ，今日の琉球弧（りゅうきゅうこ）の文化に大きな異化を刻み込む出発点でもあった」（津波，2012）と，琉球の文化研究における奄美群島の重要性を指摘している．

以上のような，歴史的・地理的な指摘をふまえて，本章では南西諸島を対象とし葬送・洗骨・墓参の三つについてそれぞれの変化を検証する．まず葬送について沖縄本島中南部での調査から，同一地域における昭和・平成の葬送の事例を比較し，葬送習俗の変化の事例研究を提示する．あわせて日本本土と同様に進む葬儀社の浸透について報告する．

次に洗骨について，まず先行研究から南西諸島における洗骨習俗の分布，および火葬の導入過程を整理する．そのうえで，奄美群島の沖永良部島・与論島における洗骨の終焉，火葬への移行とそれがもたらした墓所・葬送の変化について論じる．

そして墓参について，復帰前の調査成果・先行研究を参照して沖縄における墓参の日（旧正月16日，清明祭（シーミー），盆など）の分布・変遷を示してから，中心地である首里（しゅり）からの清明祭の墓参の波及――敢えていえば琉球における周圏論的な分布――について考察する．さらに戦後の自動車社会化を経た今日の沖縄本島における墓参の変化を，近年さらに難しくなっている世代交代の問題と合わせて論述する．

(2) 戦後沖縄における墓地の変化

戦後から日本本土復帰前後の沖縄の墓の変化について，最近の成果を参照して概観してみよう．当時，戦災で壊れたり戦後の都市計画で移転させられたりした墓を新設する需要が高まった．新聞記事・公文書を渉猟した井口学によると，戦前まで墓地の密集地だった那覇の辻原（つじはら）・若狭（わかさ）および牧志（まきし）などから都市計画に伴って墓地が撤去され，識名（しきな）などに今日に続く新たな墓地地帯が形成された．とくに「墓を新設するに適した年（ユンヂチ（閏年））」だった1952（昭和27）年の，「墓に関する諸事をおこなう適日とされる」旧暦の七夕（8月27日）の頃には1カ月で200基の墓が新設された（井口，2015）．その頃から補償金や軍用地料をはじめとする収入が入り始め余裕が生じ，コストの高い墓づくりが可能となった沖縄の

高度経済成長という背景もあった．そうしたなか1950年代までは「自らの手で墓をつくる」のに対し，1960年代には墓需要は霊園型墓地の開発つまり「墓販売が商売として成立する状況」に至った（井口，2015）．

また越智郁乃は，米軍基地関連の労働需要から生じた移住者に着目し那覇在住の同郷集団が結成した墓地建設組合による共同墓地建設を論じている．それによると1950年代のこの墓地建設は井口が指摘したのと同様「出資者1人1人の労力を提供する形で建設された．…（略）…皆の結（共同労働）により，のべ2ヶ月半を費やして共同墓地が完成した」（越智，2015）．このときの造墓ではコンクリート材という新素材が導入されたが，本土復帰後の造墓の事例においても越智はやはり新素材である花崗岩の採用に注目している（越智，2015）．しかも完成した共同墓地において，旧来の旧暦1月16日の「十六日祭(ジュールクニチー)などの墓祭祀に加えて新たな祭祀が加わる」ことがあり「村では士族層の祭りだった清明祭を，共同墓地では皆でやるようになった」といった変化が確認できる（越智，2015）．また越智は本土復帰後に造墓された新しい墓においても清明祭へ移行する傾向を見いだしている．こうした墓参の日の変化については本章の後半であらためてふれることとする．

(3) 昭和から平成の葬送習俗の変化：沖縄本島中城村

国立歴史民俗博物館は，47都道府県ごとに昭和と平成の葬送・墓制の変化を定点観測的に調査した資料集成を作成した（国立歴史民俗博物館，1999，2000）．その企画意図と収集された資料の価値は評価できるものであるが，変化を追う研究である以上，その後も継続して追跡調査しなければならない．しかも同調査は1都道府県につきほぼ1ヵ所の調査地を設定して昭和時代と平成時代の定点観測を意図したため，同時代の同一県内に複数の葬送・墓制の習俗があると拾い上げられなかった場合がある．たとえば同報告書の沖縄県の資料（赤嶺，2000）は沖縄本島南部が調査対象だが，そこは門中(ムンチュー)（父系血縁集団）ごとに一つの大きな墓を共有する門中墓の地域である．そこで筆者は同じ沖縄本島でもほんの少し北上した沖縄本島中南部における，1家が一つの墓を利用する墓制[1]の地域で調査を行なって調査票（武井，2015b）を作成した．

昭和の事例（1959（昭和34）年12月の葬式：享年59歳の男性）は沖縄県中頭(なかがみ)

郡中城村北浜(なかぐすくそんきたはま)で 2010（平成 22）年 7 月 27 日に，平成の事例（2007（平成 19）年 10 月の葬式：享年 90 歳の男性）は同村屋宜(やぎ)で同年 7 月 23 日に，いずれも事例における葬送の対象者の息子から当時の葬送について調査した．表 3.1（①〜⑦）は，その成果から昭和と平成の事例を比較対照するために作成したものである．以下ではその成果をもとに，①死亡当日，②死亡から葬儀まで，③葬儀，④出棺から埋葬（火葬）まで，⑤帰宅とその後，⑥葬式翌日から忌(いみ)明(あ)けまで，⑦年忌供養と弔(とむら)い上げについて，特徴的な変化が読み取れる部分に言及しながら論じていく．

①死亡当日

「葬儀参加者とその役割分担」と「用意する葬具の一式」は，地域の区長が中核となって近隣の人が台所の賄いなどを手伝うことに変化はない．ただし通知に関して，沖縄では新聞の死亡広告の充実が知られている．沖縄の新聞の一般的な死亡広告には喪主だけでなく，兄弟姉妹・子・孫のほぼ全員およびそれぞれの配偶者の名前が掲載される．沖縄県民は付き合いのある人の家族や親類（姻戚も含む）が亡くなったことを新聞の死亡広告欄で知ると，その付き合いの深さに応じて通夜や葬儀に参列する．

役割分担について，両時代を比較して特徴的なのは，やはり葬儀社など血縁・地縁以外の第三者の関与で，造花をはじめとした葬具の準備は平成では葬儀社に頼っている．入棺も昭和では墓所に運ぶ直前に跡継ぎをはじめとする男性親族が行なうべきとされていたが，平成では葬儀社が行なう．また湯灌(ゆかん)は，昭和は身内がしたが，平成では病院で看護師がしてくれるようになり，帰宅後に「自分たちでも儀式のように形だけ」行なう程度である．

沖縄の墓は，扉つきの石（コンクリート）造りなので，墓の扉を誰が開けるかが重要となる．墓を開けるべき人が干支(えと)などをふまえて決まるのは昭和から平成でも続いているが，昭和では墓の扉を開けるのにふさわしい干支の人を三世相(さんじんそう)など詳しい人に確認し，それに該当する人に依頼して開けてもらっていた．平成でも同様に死者と参列者の干支を気にしており，死者の干支からなるべく遠い人が墓を開け，その際，干支が近い人は近づかないようにしている[2]．

また火葬導入前の昭和には遺体を墓に納めて数年後に洗骨したので焼き番の役割はなかったが，火葬が導入された平成では火葬場まで近い親戚がそろっていき，長男（跡取り）には火葬開始の点火のスイッチを押すという新たな役割が加わっ

3.1 昭和から平成の「葬送」の変化

表3.1 ① 沖縄県中頭郡中城村における昭和34年と平成19年の葬送の事例比較：死亡当日

項　目	昭和の事例	平成の事例
【死者への対応】		
末期の水	（不明）	（葬儀屋がくる前に）ご飯・三枚肉・水・塩
枕直し	北枕を避けた	自宅の仏壇前に，西向きに寝かす
魔除けの刃物	なかった	病院の部屋をお祓いし，魔除けのゲーン（ススキの束）を置いてきた
枕元の枕飯・枕団子	山盛りご飯に十字に箸をさした	ご飯を固く山盛りにして，お箸を十字にさした．七つの餅の団子を2セット
枕元の火・線香	あった	テーブルに塩・お茶・線香．洗った米と山盛りご飯
死者の着物・手足などの姿勢・布団	生前のいちばんいい着物を着せた	病院で着物に着替えさせた（故人の妻が事前に用意）
猫などの禁忌	猫が跨いだらたいへんなことになる	知らない
【家屋・部屋の設え】		
神棚・仏壇等をふさぐ	した	亡くなったらすぐに．四十九日まで
玄関の忌中のしるし	あった	あった
その他	室内の額縁を裏返し，飾りは隠した	時計・額はひっくり返した
【葬儀参加者と役割分担】		
死亡通知	家督を継ぐものが区長に知らせた．後は区長が段取りを整えた	何ヵ所かに電話すればすぐに皆集まる．区長が手伝いの指図を全て．新聞社にも
葬具作り	造花など	葬儀屋
台所の賄い	身内を主体に班の人たちが集まった	班の人
死装束縫い	病院から帰ったら着替えさせた	葬儀屋が背広を着せた．女性は化粧も．
湯灌	病院と家で一度ずつ，濡れた布で身内がした	病院で看護婦さんがした．帰宅後，自分たちでも儀式のように形だけ
入棺	家督を継ぐものと近い親戚（男性）	葬儀屋が入棺．出棺は親戚で
墓の扉を開ける	開けるのにふさわしい干支を三世相に聞き，該当者が扉を3回たたいてから開けた．夫婦はお墓にいってはいけない	干支が同じ人や近い人は墓を開ける時に近づかない．手伝うのは反対の干支の人
火葬での役割	なかった	長男が火葬場のスイッチを押し，火を入れた．近い親戚みんなでいった
【用意する葬具の一式】		
棺	村内に作る人がいた	葬儀屋
位牌	仮の紙の位牌．ノロか神人が指示した	もとから家の仏壇にある位牌と，仮の位牌（葬儀屋と坊さんが準備）
四花・花籠	地域の女性	あったが造花は焼けないので葬儀屋が持って帰った
天蓋	使った覚えがある	無
龕（ガン）	隣の字から有料で借りてきた	無
旗	近所で書のできる人が，生前の名前や「昇天」など書いた	無
【台所の賄い】		
調理するのは喪家の台所か喪家の以外ではどの家の台所か	親戚や隣近所の人	喪家の台所を用いた
米飯を必要とするか否か	ジューシー（＝炊き込みご飯）．当時はごちそうだった	ジューシー
酒を必要とするか否か	絶対に飲まなかった．内地とは違う	一升瓶の泡盛
魚を必要とするか否か	必要としない	必要としない
その他，葬儀につきものの食事，食品	団子，豆腐，白いかまぼこ，餅，昆布，ごぼう，こんにゃく，豚の三枚肉	漬物（大根の白いの）

ている.

　葬具一式の用意は，昭和の事例では，棺・位牌・四花・花籠・旗などは近隣に作ることができる人がおり，そういった人や地域の女性たちに頼んで用意していた．とくに（紙で作る仮の）位牌はノロや神人といった役に就いていた人が指示したといい，旗も書のできる人が生前の名前や「昇天」といった文字を記した．また，遺体を墓まで運ぶのには龕が用いられていた．龕は字ごとに所有し共用したものだったが，調査対象地の北浜は龕を所有しておらず，隣の和宇慶から有料で借りていた．もともと北浜は昭和初期に和宇慶から分立した地区なので，分立前から借りていたと考えられる．

　一方，平成の事例では，棺・仮の位牌は葬儀社が用意したものを使用し，造花の花籠は火葬場で燃やせないので葬儀社が処分した．このように，近隣住民が総出で葬式の準備にあたっていた昭和時代の事例と比べると，近隣住民の役割の減少とそれを補う葬儀社の関与という変化が見受けられる．

②死亡から葬儀まで

　通夜における僧など宗教者の役割について，かつての沖縄にはニンブチャー（念仏者）[3]と呼ばれる民間念仏者がいて葬式の際に念仏を唱えながら鐘を叩き鳴らしていた．しかし昭和の事例では当時すでに近隣にいたニンブチャーが亡くなっていたので代わりにユタが指示にきた．ムラには2〜3人は霊感が強いという人（ユタなど）が必ずおり，ふだんはふつうに暮らしているが葬式の際には頼られて手伝っていた．しかし平成の事例では，通夜においてはこれらの宗教者の関与はほとんど聞かれなかった．地域社会内にて霊感が強いと知られる人が少なくなっただけでなく，通夜において読経など宗教的・仏教的な役割が今日とくに必要とは考えられていないからである．

　通夜の時間について，昭和の事例（昼に病院で死亡）も，平成の事例（朝8時10分に病院で死亡）も，死亡当日の夜に通夜を行なっている．しかし，翌日の葬儀の日程はやや異なる．なぜなら，火葬導入後は，死亡から24時間を過ぎて火葬許可を得てから火葬場の利用がいつできるかが葬送の日程を大きく左右するからである．昭和の事例では，翌朝8時には葬儀・告別式を始め，8時半には棺を龕に乗せ，9時にはもう墓に納めた．つまり死亡から納骨まで丸1日経っていない．一方，平成の事例は死亡24時間後の翌朝に火葬場のスケジュールに空きがあり利

3.1 昭和から平成の「葬送」の変化

表 3.1 ②　同：死亡から葬儀まで

項　目	昭和の事例	平成の事例
【通夜について】		
日取り	亡くなった日の晩	亡くなった日の晩
死者の状態	着物を着せる．白い布で顔を隠す．移動は棺に入れてガンに乗せる	
（着物布団入棺済みすでにに火葬骨その他）		
供え物と飾り物	団子，豆腐，白いかまぼこ，餅，昆布，ごぼう，こんにゃく，豚の三枚肉，水，お茶，泡盛	
飲食物	お酒は飲まない	
僧など宗教者の役割（読経など）	当時ニンブチャー（念仏者）は亡くなっていてユタが指示にきた．近所に2～3人霊感の強い人が必ずいて葬式のときに頼られて手伝いにきた	ない
家族の役割（添い寝・火の番・その他）	長男が添い寝・火の番．朝方，死者の髭を剃った	長男夫婦が添い寝
【湯灌について】		
誰がするか	亡くなった人の配偶者	看護婦と，その後に家族（長男ら）
洗い方と用具	タオルを濡らして拭いた	
湯灌酒	供えてあった	
とくに火をともすか	ろうそくはずっとつけたまま	
時間	家に戻ってきてすぐ	亡くなってすぐに
場所	仏壇の前	まず病院で．帰宅後にも
【死装束について】		
誰が縫うか．装束一式	生前の着物．このときは背広を着せた．	男は背広，女は事前にそのために用意していた着物．葬儀屋が，頭に飾りをつけた
傘	あったかもしれない	出棺時に用いた
【入棺について】		
誰がどのようにするか	跡継ぎと近い親戚	葬儀屋
入棺酒	供えるだけ	知らない
副葬品	めがね，鉛筆，財布，帽子，靴下など使っていたもの．またタオルなどをあの世へのお土産として入れた	タオル，煙草，お菓子

表 3.1 ③　同：葬儀

項　目	昭和の事例	平成の事例
【帳場と香典】		
帳場は誰が担当するか	区長	隣近所，近い親戚
香典は米かお金か	お金（当時は米ドル）貧しかったから少額	お金．普通は1000円．付き合いによって3000円，5000円
香典返しの有無とその内容	ない．ふるまう食べ物のみ	その日にまんじゅうとお茶．タオルも．すべて葬儀屋が準備
【葬儀の祭壇の設え】	仏壇の前に祭壇を設け，その前に遺体を寝かせた（棺ではなく布団に．入棺は出棺直前）．遺影は置いた	仏壇の前の祭壇の真ん中に遺骨を入れた骨壺を安置した．遺影あり
【葬儀の式次第】	読経・弔辞・挨拶など一切なく，焼香のみ	まず喪主挨拶の後，読経と焼香．読経は葬儀社のオプションで頼んだが，よく知らない．

用できたので，翌朝9時に出棺の準備を始めて火葬場に移動し，13時に火葬を開始した．そしてその日の夕方，涼しくなった時間帯に葬式を開いた．いずれも，死亡の翌日には納骨まで済まされるのは共通している．

　入棺は，昭和の事例では跡継ぎと近い親戚が行ない，棺に生前使っていたもの（めがね，鉛筆，財布，帽子，靴下など）とあの世へのお土産（タオルなど）を入れて墓へ納めた．しかし火葬導入後は，火葬場で燃やせないものを棺に入れられなくなったので，タオル・煙草・菓子程度のものしか入れられていない．このように，火葬の導入は葬送の場に大きな変化をもたらしており，火葬場の都合が，葬送の日程にも副葬品にも影響するようになったことがわかる．

③ **葬　儀**

　昭和の事例は復帰前の1959（昭和34）年なので，当時沖縄では日本円ではなく米ドルが通用していた．香典は貧しかったのでごく少額だった．平成の事例では，ふつうの付き合いの相手への香典は1000円で，付き合いの深さによって3000円，5000円である．香典返しは昭和にはなかったが，平成ではまんじゅう・お茶・タオルが葬儀社によって用意される．そのため参列者が何人くるかによって，葬儀社への支払い額が変動する．

　葬儀において最も変化が著しいのは，葬儀の場所の物と人の配置である．いずれも仏壇のある部屋に祭壇を設置すること，祭壇に向かって男性親族が右側，女性親族が左側に座ること，近い親族は祭壇側に座ることは共通している．大きく変化したのは，遺体の状態である．昭和では，仏壇・祭壇前の部屋の中央に遺体が布団に寝かされて安置され，その枕元には供え物と香炉が置かれていた．そして遺体は葬儀終了後に棺に入れられ龕(がん)で運ばれ墓に入れられた．しかし平成には火葬が導入され，しかも火葬を済ませた後に葬儀が行なわれるので，骨壺が祭壇の真ん中に安置されるようになった．

　葬儀の式次第は，昭和では挨拶も読経もなく，焼香のみだった．そのため，葬儀開始から30分程度ですぐ墓へと出棺した．一方，平成の事例では葬儀の冒頭に喪主挨拶が行なわれるようになり，その後に読経と焼香がなされた．なお読経だが，檀家制度のない沖縄では葬儀社の手配で提供されるオプション商品にすぎない．今回調査にご協力いただいた喪主夫妻も葬儀社に薦められるままに発注しただけで，詳しいことは知らなかった．

3.1 昭和から平成の「葬送」の変化

表 3.1 ④ 同：出棺から埋葬（火葬）まで

項　目	昭和の事例	平成の事例
【出棺時の作法】 　誰が棺を持つか 　どこから出すか 　棺を持つ人の服装と履物 　部屋の後始末	龕を使用．区長の指示で若い人たち 玄関から 葬式にふさわしい，上は白，下は黒． なかった	親戚の男性 いつも使っている玄関から 黒い礼服 班の人がほうきで掃いた
【野辺送り】 　葬列の順番と役割	旗→龕（棺）→仮位牌（喪主＝跡とりが持つ）→遺影→親戚一同	位牌：長男の長男（死者の孫） 遺影：長男の嫁 お骨：長男（お骨には傘を差す）
【火葬の方法】 　何人で 　その服装 　焼く時刻とかかる時間 　飲食（握り飯・酒・豆腐など）		30人くらいでいった 黒い礼服 2～3時間 ジューシーのおにぎりと漬け物を持っていった．お酒は飲まない
【骨拾いと納骨の方法】 　いつ誰がどのようにするか 　箸渡し 　全部拾骨か一部拾骨か 　藁スボか骨壺か 　骨壺の入手はどこからか 　遺骨のその後の処置		30人みんなで．長男から親戚の順であった 全部拾った 骨壺に入れた 葬儀屋 お墓に納めた
【葬儀業者の関与】 　その有無 　葬儀社へ支払う費用とその内訳	無．復帰（1972年）以降にできた職業	有 215.7万円＋読経・戒名代6万円

④出棺から埋葬（火葬）まで

　昭和時代，葬列で家から墓所まで遺体（棺）を乗せる龕を墓所まで運ぶのは，区長の指示で集められた集落の若い人たちだった．死者の干支からなるべく遠い干支の人が墓の扉を開けた後，若者たちが棺を墓内に納め，扉を閉めるのもまた若者たちだった．北浜は中城湾に臨む海岸低地にあり，多くの墓が建てられている斜面地帯までは直線距離にして1km以上あるので，遺体を龕に乗せて墓まで運ぶのは重労働だった．

　かつて出棺とは，葬儀後に遺体を墓へ納めるために棺を家から出すことだった．しかし今日の出棺は，通夜後，葬儀の前に遺体を火葬場へ運ぶために棺を家から出すことを指す．平成の事例では，棺は親戚の男性たちが持つようになり，玄関から自動車まで運んだ．近隣の火葬場（浦添市伊奈武瀬のいなんせ斎苑）までは自動車で40分ほどかかり30人ほどが同行した．長男が点火のスイッチを押し火葬が完了するまでの2時間弱，持ち込んだジューシー（炊き込みご飯）のおにぎ

表3.1 ⑤　同：帰宅とその後

項　目	昭和の事例	平成の事例
【帰り道と帰宅時の作法】		
ふりかえるななどの禁忌	あった	言われたが，気にしなかった
通る道の上での決まり	別の道を通るようにした	同じ道は通らないが，墓と家が近いので他の道がない
履物を脱ぐとか代えるとかするか	なかった	なかった
その脱いだ履物についての禁忌の類	なかった	なかった
清めの方法（塩・水・火・灰・味噌・米・糠・臼・升・魚類・餅など）	塩を用いた	家の入口に塩を，近所の家の入り口にはゲーン（ススキの束）を置いた
【祭壇・仏壇と位牌の扱い】		
祭壇の有無	無	有（葬式用は翌日に片付け，その後しばらく小さい祭壇を置いた）
遺影の写真の扱い	仏壇の側の鴨居にかけた	とくになし
位牌の状態 　（家に置く位牌　墓に置く位牌）	仮位牌を四十九日まで仏壇に置いてから燃やした．近所の人が仏壇の位牌に墨で名前を書き足した	仮位牌を仏壇に置いた
供え物（飲食物　その他）	おつゆ，ご飯，豆腐	とくになし
【帰宅後の飲食】		
穴掘り役へのもてなし	龕を担いだ若者たちにジューシー（炊き込みご飯）やおつゆをふるまった	
近隣の手伝いの人たちへのもてなし	ジューシーやおつゆ	親戚・近所の人と食事の場はなかった
酒	酒は飲まない	酒は飲まない

りと漬け物を食べて待ったが，このときお酒は飲まない．火葬後に骨となって骨壺に入れられてまた家に戻り，そこで葬儀をしてから，改めて墓に移動し納骨された．昭和でも平成でも死亡の翌日には墓への納骨まで済まされている点は同じである．

　葬列における跡取りの持ち物も変化している．昭和には，若者たちが龕に乗せて遺体を墓まで運び，跡取りは仮位牌を持って葬列に並んだ．それが火葬導入後の平成では，跡取り（故人の長男）は骨壺を持ち，その長男（故人の孫）が位牌を持って葬列に並んだ．

⑤帰宅とその後

　遺体や遺骨を墓に納めてから帰宅する際，後ろを振り返らないように，また，同じ道を通らないようにすることは昭和でも平成でも同様だが，平成の事例の場合，墓と家が近いため別の道を通りようがなく，とくに気にされていなかった．

　昭和の事例では家から墓まで若者たちに龕を運ばせたので，彼らや手伝ってく

3.1 昭和から平成の「葬送」の変化

表 3.1 ⑥ 同：葬式翌日から忌明けまで

項　目	昭和の事例	平成の事例
【墓見舞い】 埋葬後再び家族と親族で新墓にいき墓を築き直すようなことをするか，それはいつか	した．1週間毎朝．墓にお茶を供えた	した．翌朝から茶・花を替え，線香を供えた．2～3日続けた後は，初七日以降7日ごと
【初七日】 法事の式次第	長老の人がきて仏壇を拝んだ．正装で集まり，ごちそうをふるまう．香典も出した	坊さんがきた
本尊（地蔵，不動明王，阿弥陀，十三仏，その他）	なかったが，阿弥陀如来などがある家もあった	とくになし
【日ごとの行事】 7日ごとの行事はあるか	7日目（ショナンカ），14日目（タナンカ），21日目（ミナンカ），28日目（ユナンカ），35日目（イチナンカ・ゴナンカ），42日目（ムナンカ），49日目（シジュウクニチ）．なかでも奇数の回に人がたくさんきた	
墓参りの仕方	初七日までは毎朝墓参り	朝に墓参
【忌み明け】 忌み明けは四十九日か三十五日か その法事の式次第	四十九日 初七日と同じ	四十九日 花を片付けにいった．いまは葬儀屋が片付けてくれる
【四十九餅】 四十九餅の有無 その作り方	有 餅米を蒸して，杵でついた	有 葬儀屋に注文した

表 3.1 ⑦ 同：年忌供養と弔い上げ

項　目	昭和の事例	平成の事例
【弔い上げ】 弔い上げの有無 33年忌を弔い上げとするか，50年忌を弔い上げとするか	有 三十三年忌．たいへんなごちそうを用意した．「天に昇る」といった	有 三十三回忌

れた近所の人たちにジューシー（炊き込みご飯）など簡単な食事をふるまう機会があったが，平成の事例ではとくに食事の場は設けられていない．また，昭和も平成も，葬式の場でのお酒は清めに撒かれることはあっても，飲むことはない．

⑥葬式翌日から忌明けまで

昭和も平成も，葬式後から7日ごとに法事が執り行われる．初七日以降，二七日(ショナンカ)，三七日(タナンカ)，四七日(ミナンカ)，五七日(ユナンカ)，六七日(イチナンカ,ゴナンカ)と続いて四十九日(ムナンカ)で区切りをつける．平成の事例は僧侶を呼んで読経してもらったが，昭和の事例では親戚や近隣の長老がきて仏壇を拝むだけだった．

初七日から四十九日の間，基本的には家族のみで墓参を行なうが，とくに近い関係の人がくることもある．四十九日餅は昭和の頃は餅米を蒸して杵でついて自

分たちで作っていたが，最近は葬儀社に注文するようになった．

⑦年忌供養と弔い上げ

火葬導入前，年忌供養[4]よりも重要だったのは，洗骨だった．次の死者が出て墓の扉を開ける際に，前の遺体の洗骨が行なわれた．墓の扉はなるべく開かない方がよいからである．たとえば昭和の事例の北浜の家では，葬式をあげて墓に納めてから1～2年ほど後に先の故人の妹が亡くなって墓を開けることになったので，そのときに洗骨をした．また，分家して墓を建ててから33年間，その家から一人も死者を出さずに墓を開けることがなかった場合，盛大に墓の祝いをする．

昭和も平成も，三十三年忌（サンジュサンニンチ）を供養の区切りとする．このとき魂は天に昇るといい，ごちそうを用意して祝う．

（4）葬儀社の関与

以上，沖縄本島中南部の中城村における昭和と平成の葬送の調査から特徴的な点をまとめた．このうち平成の事例では，葬儀社（葬祭業者）が関与し，人々もそれに頼っている．葬儀社の関与について，葬儀社は復帰（1972年）以降にできた職業とのことで，本章の昭和の事例（1959年）には一切かかわっていない．

平成の事例において葬儀社が関与するのは，①死亡当日に棺をはじめ祭壇・葬具（仮位牌も）の準備，②死亡当日に死者の衣服（頭の三角の飾り）を整え入棺，③葬儀時に参列者へのまんじゅう・お茶・タオルなどすべて準備，④葬儀翌日に祭壇を小さいものに替える，⑤僧侶の読経を発注，⑥火葬場で骨壺の準備，⑦四十九日後に墓前の花の片付け，⑧四十九日餅の準備などである．

葬儀などに用いる棺・祭壇（葬儀時・葬儀後）・葬具各種・骨壺，参列者に配布するまんじゅう・お茶・タオル・四十九日餅などを葬儀社が準備し，また入棺，祭壇・花の片付けも葬儀社が行なう．昭和の事例では，棺や葬具は近隣の人が手伝って地域社会内で準備され，配布するものは四十九日餅くらいでそれも自分たちでついていた．しかし，葬儀社の関与後はそれらを購入するようになり，参列者に葬儀社から購入したまんじゅう・お茶・タオルを返礼として渡すようになった．

僧侶による読経および戒名も，葬儀社を通したオプション商品として認識されており，遺族が必要ないならば省略される．葬儀社の仲介で僧侶がきて読経した

家でも，寺檀関係がないため，どの宗派の僧侶だったかはとくに把握されていなかった．本章の調査のときに，そういえばせっかくつけてもらった戒名をどこにしまい込んだかわからないと喪主夫婦が気づいて，笑いながらも戸惑っていた．沖縄の位牌には生前の名前が記されるため，戒名が用いられるのは葬儀においてのみで，実はとくに必要とされていない．そのため戒名がわからなくなったことへの戸惑いは，決して宗教的・供養的な不備に対してではなく，せっかく追加料金を払ったのにといった理由である．

葬儀社の関与によって葬儀における地域社会の近隣の家々の負担が減ったという点では，沖縄県でも全国的な傾向との共通がうかがえたが，それは喪主家の金銭的負担に現れる．平成の事例の喪主夫婦に父母の葬儀費用を教えてもらったところ，告別式は父母とも百数十万円かかっていた．以降の支出額をみると四十九日，次に初七日がやはり支出が多い．7日ごとの法要は，奇数回の法要（初七日，三七日，五七日，四十九日）の方が偶数回（二七日，四七日，六七日）より支出額が多い傾向がある．喪主夫婦によると，支出の変動は参列者や焼香にきた人へ渡すお礼の品の数によるもので，つまり奇数回の法要に多くの人が訪れることがこの金額から見て取れる．

3.2 「洗骨」の終焉と火葬への移行
―鹿児島県沖永良部島・与論島の事例―

(1) 洗骨の伝承地域と火葬の導入

ここまで論じた沖縄本島における火葬導入前の葬送では，洗骨が重要な区切りだった．そして火葬の導入が多くの変化をもたらしていた．そこで復帰前の調査による先行研究から，洗骨の伝承地域が奄美群島から琉球諸島にかけての南西諸島各地に分布していたことを確認してみよう．名嘉真宜勝は沖縄の洗骨習俗の分布・呼称・時期の3点から分析した（名嘉真，1968）．図3.1と表3.2は，名嘉真の成果から分布をまとめたもので，対象は沖縄県域だけでなく，鹿児島県の奄美群島にまで及んでいる[5]．名嘉真によると呼称は，清めを意味する呼称（洗骨から転訛したシンクチなど．美しくするという意のツラクナスンなど，綺麗などの意のギレー），移葬を意味する言葉（骨拾いの意のプニプルイなど．骨を振り分けるという意のフニウーユンなど），行事・儀式名より起こった呼称（タナバタ．墓

焼香の意のハルジューコー) に分かれる．さらに，洗骨の時期は，「死者が出た時，つまり墓口を開いた時」と，「白骨化するのを待って」の二つに大きく分けられるが，「新規の埋葬に際し古い死体が十分腐敗していない場合」や「死者が比較的長期間出ず，しかも白骨化した時期を見計らって洗骨する」場合は，判断と対応のバリエーションが生じる．

続いて図3.2と表3.3は，復帰前の沖縄で「文部省文化財保護委員会の立案による民俗資料緊急調査手引を参考にして」実施された調査成果から，洗骨についての報告を抜粋したものである（琉球政府文化財保護委員会，1970）．各地の調査者が異なるため記述に偏りがあるものの，沖縄県域各地で洗骨が行なわれていたことがわかる（読谷村・平良市久貝松原・同狩俣・多良間村・石垣市川平には洗骨の記述はないが，久貝松原以外については名嘉真が洗骨を報告している）．大まかな傾向として，本島北部は明治時代の風葬にも言及し，一方中南部は当時すでに

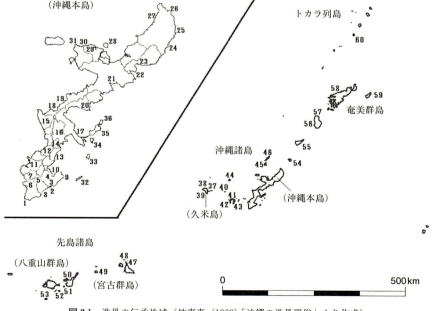

図3.1　洗骨の伝承地域（仲嘉真 (1968)「沖縄の洗骨習俗」より作成）

3.2 「洗骨」の終焉と火葬への移行

表 3.2
仲嘉真(1968)「沖縄の洗骨習俗」より作成

	地名（名嘉真の調査時）	参考文献
1	糸満町喜屋武　いとまんちょうきゃん	『沖縄民俗』10, 1965
2	玉城村奥武　たまぐすくそんおう	『ニライカナイ』創刊号（中村一男），1968
3	玉城村中山　たまぐすくそんなかやま	『沖縄民俗』9, 1965
4	玉城村糸数　たまぐすくそんいとかず	『沖縄民俗』14, 1967. 名嘉真1967調査
5	東風平村富盛　こちんだちょうともり	『ニライカナイ』創刊号（宮城盛孝），1968
6	糸満町賀数　いとまんちょうかず	名嘉真1967調査
7	豊見城村　とみぐすくそん	『豊見城村誌』1964, p557
8	具志頭村　ぐしかみそん	『具志頭村史』1961, p419
9	知念村久手堅　ちねんそんくでけん	『沖縄民俗』7, 1963. 名嘉真1967調査
10	佐敷村津波古　さしきそんつはこ	名嘉真1967調査
11	那覇市西新町　なはしにししんまち	『ミネルヴァ』3月号（金城朝永），1936
12	宜野湾市新城　ぎのわんしあらぐすく	『シマの話』（佐喜真興英）1965
13	中城村津覇　なかぐすくそんつは	名嘉真1967調査
14	中城村熱田　なかぐすくそんあつた	『沖縄民俗』12, 1966
15	読谷村座喜味　よみたんそんざきみ	『沖縄民俗』11, 1966
16	美里村　みさとそん	『美里村史』1962, p84
17	勝連村　かつれんそん	『勝連村誌』1966
18	恩納村仲泊　おんなそんなかどまり	名嘉真1968調査
19	恩納村谷茶　おんなそんたんちゃ	名嘉真1968調査
20	金武村金武　きんそんきん	名嘉真1968調査
21	久志村汀間　くしそんていま	『沖縄民俗』13, 1967
22	東村有銘　ひがしそんあるめ	『沖縄民俗』7, 1963, p60
23	東村平良　ひがしそんたいら	『沖縄民俗』6, 1963, p30
24	国頭村安波　くにがみそんあは	名嘉真1967調査
25	国頭村楚州　くにがみそんそす	名嘉真1967調査
26	国頭村奥　くにがみそんおく	『沖縄民俗』9, 1965
27	国頭村辺士名　くにがみそんへんとな	名嘉真1967調査
28	今帰仁村古宇利　なきじんそんこうり	名嘉真1967調査
29	今帰仁親泊（今泊）　なきじんおやどまり（いまどまり）	名嘉真1968調査
30	上本部村具志堅　かみもとぶそんぐしけん	名嘉真1968調査
31	上本部村備瀬　かみもとぶそんびせ	名嘉真1968調査
32	知念村久高　ちねんそんくだか	名嘉真1966調査
33	勝連村津堅　かつれんそんつけん	『民俗』3, 1961. 名嘉真1967調査
34	勝連村浜比嘉　かつれんそんはまひが	『民俗』5, 1962, p66

表 3.2 （つづき）

35	与那城村上原　よなしろそんうえはら	名嘉真 1967 調査
36	与那城村伊計　よなしろそんいけい	名嘉真 1967 調査
37	久米島仲里村比屋定　くめじまなかざとそんひやじょう	『沖縄民俗』14, 1967, p38
38	久米島仲里村宇江城　くめじまなかざとそんうえぐすく	名嘉真 1967 調査
39	久米島仲里村島尻　くめじまなかざとそんしまじり	名嘉真 1967 調査
40	渡名喜村渡名喜　となきそんとなき	『沖縄民俗』11, 1966
41	座間味村座間味　ざまみそんざまみ	『沖縄民俗』10, 1965
42	座間味村阿嘉　ざまみそんあか	名嘉真 1967 調査
43	渡嘉敷村渡嘉敷区　とかしきむらとかしきく	『郷土』4, 1967, p31
44	粟国村粟国　あぐにそんあぐに	［嶺井敏子氏御教示］1968
45	伊是名村伊是名　いぜなそんいぜな	『伊是名村誌』1966.『沖縄民俗』8, 1963, p27
46	伊平屋村田名　いへやそんだな	『民俗』4, 1961. 名嘉真 1967 調査
47	宮古島平良市狩俣　みやこじまひららしかりまた	『沖縄民俗』12, 1966, p51
48	宮古島平良市池間　みやこじまひららしいけま	『沖縄の社会と宗教』（野口武徳）1965
49	多良間村多良間　たらまそんたらま	『宮古島学術調査報告』（名嘉真「人生儀礼」）1966
50	八重山石垣市川平　やえやまいしがきしかびら	名嘉真 1965 調査
51	八重山竹富町竹富　やえやまたけとみちょうたけとみ	『沖縄民俗』10, 1965.『日本民俗学会報』5（内盛唯夫），1959
52	八重山竹富町黒島　やえやまたけとみちょうくろしま	『南島研究』3（崎原恒新），1965
53	八重山波照間島　やえやまはてるまじま	『日本民俗学』2-2（酒井卯作），1954
54	奄美大島与論島　あまみおおしまよろんじま	『奄美与論島の民俗』（栄喜久元）1964
55	奄美大島沖永良部島　あまみおおしまおきのえらぶじま	『沖永良部島民俗誌』（柏常秋）1954, p133
56	奄美大島徳之島　あまみおおしまとくのしま	『徳之島民俗誌』（柏常秋）1962, p224
57	奄美大島徳之島金見　あまみおおしまかなみ	名嘉真 1966 調査
58	奄美大島本島　あまみおおしまほんとう	『日本民俗学』2-4（長田須麻子）1954.『大奄美史』（昇曙夢）1949, p492.『民間伝承』（水流郁郎）1956
59	奄美大島喜界島　あまみおおしまきかいじま	『沖永良部島民俗誌』（柏常秋）1954, p133
60	トカラ悪石島　あくせきじま	『葬送の起源』（大林太良）1965, p130

火葬に移行したとの記述がみられる．1 カ所平良市島尻のみ洗骨がないことが明記されている．

沖縄本島では 1950 年代以降に各地で火葬場が設置され火葬が普及し，1970 年

3.2 「洗骨」の終焉と火葬への移行

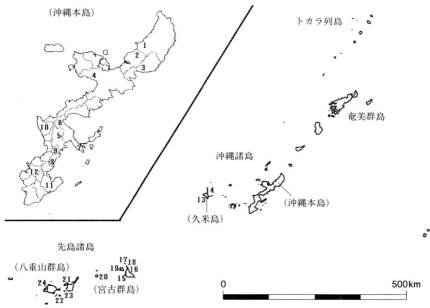

図 3.2 洗骨の伝承地域（琉球政府文化財保護委員会編（1970）『沖縄の民俗資料』より作成）

表 3.3

琉球政府文化財保護委員会編（1970）『沖縄の民俗資料』より関連項目を抜粋・要約			
地域		地名（調査時）	洗骨の報告
沖縄本島北部	1	国頭村比地 くにがみそんひじ	（明治時代）風葬→洗骨→茅葺屋根（かやぶきやね）の天井につるす．（村墓完成後）埋葬→洗骨→納骨
	2	大宜味村謝名城 おおぎみそんじゃなぐすく	明治時代まではすべて，風葬で，洗骨して後，村墓に合葬した
	3	東村川田 ひがしそんかわた	棺は村墓で腐敗→1年後に洗骨→それぞれの所属する村墓に納骨
	4	名護町城 なごちょうぐすく	死後2年経って棺桶を開き，洗骨の上納骨改葬
沖縄本島中南部	5	美里村知花 みさとそんちばな	死体は埋葬して，洗骨したら夫婦は同じ厨子・カメに入れる
	6	石川市石川 いしかわしいしかわ	棺に入れて葬り2年後洗骨して，夫婦は同一厨子ガメに納骨．7歳以下の幼児は本墓に入れず，本墓のあく時洗骨して入れる
	7	勝連村平安名 かつれんそんへんな	埋葬〜洗骨したら夫婦はカメ一つに．1960年頃からほとんど火葬に
	8	中城村伊舎堂 なかぐすくそんいしゃどう	終戦直後までは埋葬して洗骨（現在は火葬）
	9	北中城村熱田 きたなかぐすくそんあつた	終戦直後までは埋葬して洗骨（現在は火葬）

表 3.3 （つづき）

沖縄本島中南部	10	読谷村座喜味 よみたんそんざきみ	
	11	玉城村富里 たまぐすくそんふさと	葬儀があるとき，前の死者の洗骨をする．洗骨できない短期間に葬儀があるときは棺を重ねておいた
	12	首里上儀保村 しゅりかみぎぼむら	子供の墓は墓の袖や石垣の側に葬り大人の葬式があったとき，洗骨して本墓に納骨
離島	13	久米島具志川村兼城 くめじまぐしかわそんかねぐすく	埋葬をし，5～7年後に洗骨をしてカメに納めた
	14	久米島仲里村真謝 くめじまなかざとそんまじゃ	5～7年後に洗骨してカメに納めた（近年は洗骨せず焼いてカメに納める）
	15	平良市久貝松原 ひららしくがいまつばら	
	16	平良市島尻 ひららししまじり	原始風葬制（洗骨を伴わない）．島尻村は洗骨を行なわない村である
	17	平良市池間島前里添 ひららしいけまじままえさとそえ	アクマ（生後2～3カ月を満たぬ子供の死体）は洗骨，改葬はしない．ギガズン（怪我死，水死人，自殺者）は洗骨
	18	平良市狩俣 ひららしかりまた	
	19	伊良部村国仲 いらぶそんくになか	1月16日：先祖祭りを行なう．墓参りをする，洗骨を行なう．
	20	多良間村仲筋・塩川・水納 たらまそんなかすじ・しおかわ・みんな	
離島	21	石垣市川平 いしがきしかびら	
	22	竹富町黒島 たけとみちょうくろしま	3年，5年，7年，9年がきたとき，洗骨してカメに入れて墓の隅に安置する． 洗骨の月：旧7月，11月が多い
	23	竹富町竹富 たけとみちょうたけとみ	島外，事故，幼児死などの例外を除けば，洗骨して同一の墓に納める 洗骨は必要に応じて，随時に行なわれる．通例，3年，7年，13年後に行なわれる．二つの棺を入れることを嫌うので，葬式の朝，前からあった遺骸を洗骨して，場所をあける 埋葬，洗骨は同一の墓で行ない，洗骨後本墓へ納骨するのは特種の場合だけ
	24	西表島祖納 いりおもてじまそない	埋葬から洗骨の普通の方法であった

代中頃には火葬が完全に定着した（加藤，2010）．堀場清子は，女性たちが担った洗骨の実態を「歯のひとつひとつまで取り上げて，洗い清める．その仕事が，"女の役"とされたことの辛さを，体験のある女たちの誰もが，顔をそむけ，全身で泣くように語った．"作業"そのものだけでなく，遺体を墓に収めた葬儀の後，洗骨の日を迎えるまでの期間が，苦しかった」，「洗骨の慣習下にある女にとっては，

3.2 「洗骨」の終焉と火葬への移行

死後の自分が，洗骨をされる際に，どんな醜態を晒すのかの懸念も，悩みの種だった」と描写した（堀場，1990）．そこは，「埋葬を廃した／喜如嘉部落の舊習打破」（琉球新報1952年6月2日3面）と報じられた大宜味村喜如嘉区で，洗骨・埋葬・式などの冗費節約のため婦人会を中心に火葬場設置が提唱され，いち早く成し遂げた地域である．旧慣を重んじる年寄りたちからは「生きているときに焼かれるのさえ嫌なものであるのに死んだあとで焼かれてはたまらない」と反対の声が寄せられたが，同年1月2日にはじめての火葬[6]が行なわれた結果「薪は百円位ですみ，洗骨の必要もなくなる」と許容範囲内の経済負担で速やかに骨化が済ませられ，数年後に改めて行なわれる洗骨も省略できることが受け入れられ，さらに「火葬の成功に伴つて死装を簡単なさらしの白衣装に統一」できることになり「葬式に見栄をはらなくてすむようになつた」と同紙では報じられている．那覇から遠い本島北部の字にて住民主導で導入されたことの先取性は著しいものである．

火葬導入前の沖縄では，葬送は《自宅で葬儀→遺体を墓へ→数年後に洗骨・改葬》だったが，火葬の導入で葬送の過程が《自宅から遺体を火葬場へ→遺骨を自宅に戻し葬儀→遺骨を墓へ》になった．火葬普及前後の洗骨の変化は「門中に死者が出ると，葬儀に先立って墓室に先に安置されている死者の棺を墓庭に出し身内とごく近い親戚によって洗骨（洗骨することをギレーユンという）が行われた…（略）…完全に白骨化していない死者は現世への執着があるからだという解釈もあって，関係者は，棺を開けて白骨化を確認するまで極度の緊張感を強いられたという．火葬が普及した今日でも，先に納まっている遺骨を出して形式的に骨を洗い（拭き）その遺骨を奥に収め直すことは行われている」（赤嶺，2002）．また「戦後に火葬が普及するようになると，火葬を葬儀過程のどこに組み入れるかに関して地域的な差異が生じた．沖縄本島中南部では，火葬は儀礼過程のはじめに組み入れられ，その後に葬儀（「告別式」）と納骨が行われるようになった」（加藤，2010），「死者はまず家族や近親，集落の人々の見守るなかで入棺され，自動車で火葬場に向かった…（略）…頃合いを見計らってふたたび火葬場におもむき拾骨した．家にもどってきた骨は仏壇の前に安置され，「告別式」が行われた…（略）…やがて二度目の出棺となり，骨は墓に送られた」（加藤，2010）．葬儀の前に火葬を施すため火葬時と納骨時の二度自宅を出ることになり，また火葬によっ

て白骨化が済むので納骨後に洗骨・改葬することはなくなったのである．
　新谷尚紀は改葬を伴う両墓制と関連させて，1978年の沖縄県伊是名島の洗骨事例など南西諸島における遺体の二次的な処理を論じた．そして南西諸島一帯の洗骨改葬習俗に，遺体そのものに死者の個性を意識しつづけ一定期間後の骨化を待ってその二次的処理を行なったうえで葬送儀礼の完了とする葬送観念を見いだしている．また日本列島の太平洋岸に多く改葬事例が点在することから「海上ルートを通して南西諸島からつながる，いわば改葬文化圏」を示唆しつつも，日本列島のものは遺体の骨化の確認と再処理のために改葬すること自体が目的で，改葬後の遺骨が必ずしも遺骨祭祀の対象とはならないとしている（新谷，1991）．奄美・琉球の遺骨処理を新谷は「風葬，空中葬」つまり「現世と連続した同じ大気中に死体を置きつづけ，自然のリズムの中でその腐敗，骨化をまつもの」とし，遺体に対する二次的な集骨整理の作業の一環としての儀礼のなかで遺骨を洗う丁重さの面での発展を重視している（新谷，1961）．
　しかし，以下に示す奄美群島における筆者の調査事例は，かつては崖下での風葬だったものの，近代以降に県や警察の指導を受けて土中（砂中）での骨化を経ての改葬に変化した．本章ではそこからさらに火葬が導入された過程を追跡する．

(2) 沖永良部島における火葬導入後の墓所の整備

　鹿児島県沖永良部島には和泊と知名の2町があり，人口は合わせて1万4000人程度である．この島の葬法は《風葬→土葬→火葬》と変化してきた．風葬については，過去に行なわれていた葬法であることは知られているが具体的には今日ほとんどわからない．
　和泊町の内城地区には，チュラドールと称される墓地がある．チュラとは清らか，ドールとは掘り込み式の墓を意味する．遺跡でもあるこの美しい墓地は，今日も共同の納骨墓として利用されている．土葬から火葬への移行過程で，土葬の時代には埋葬地だった外側の地面の美観も芝生で美しく整えられている．この墓地が今日において実際にどのように活用されているか，今日までにどのような整備が行なわれてきたかを考えたい．なお筆者による沖永良部島での葬制・墓制の調査は2004年8月23日～26日，2005年8月8日～16日に行なわれた．
　現在高齢の世代が経験してきた葬送は昭和40年頃まで洗骨・改葬を伴う土葬だ

った．死後，葬式などの儀礼を終えた後，定められた場所に遺体を埋葬した．このとき遺体は，座らせて埋めた（坐棺）．沖永良部の土質では3～4年ほどで遺骨が白骨になるので，そのころに掘り出して洗骨を行なった．洗骨・改葬は故人が再度，身内（＝遺族・子孫）に会える機会であるため，骨に話しかけながら洗ったといい，関係者にとって重要な儀式だった．「洗うんですよ．骨だけじゃなくて，肉も付いている」と生々しく語られる．骨に対して怖いという感情は抱かれなかったが，白骨化しきれずにミイラ化した遺骨は畏怖された．完全にきれいな白骨になっていれば故人は成仏したと考えられたが，もし骨に肉がたくさんついていたら，故人がこの世に悔いを残している現れとされ，その場合また埋め戻して供養し，後日改めて洗骨した．

島内に火葬場が開業した昭和40年代以降，火葬の件数が急増し，現在では土葬そして洗骨・改葬はほとんど行なわれていない[7]．この変化は島の墓地のあり方にも影響を及ぼした．具体的にいえば，埋葬地（遺体を土葬し洗骨を行なう場）が不用になったのである．そのことを，チュラドールを例にみてみよう．

チュラドールは全長17mの石造り（自然石と，人工の石垣）の墓で，奥から玄室・中庭・前庭からなる．各庭は，石造りの塀と門で仕切られていて，庭はかつて儀式を行なったり，先祖と食事をしたりするための場所だった．築造年代は15世紀や18世紀初頭など諸説あるが，琉球式と総称される掘込式の墓（＝トール墓）のうち最北端の事例と位置づけられる．玄室は大きな一枚岩を人工的にくりぬいたもので，琉球からきた職工が造ったと伝承されている．納骨堂の内部には遺骨を納めた甕が多数安置され，とくに家型の甕が古いとされる．甕の蓋の裏側には名前・日付・年齢が記されている．

土葬（洗骨・改葬）の頃，遺体はまずチュラドールのすぐ外に埋められ，数年後に掘り返されて洗骨された．そして洗骨後に奥の玄室に改葬された．それが火葬の導入以降は，火葬後すぐに玄室に納骨されるようになった．火葬骨を入れた骨壺は四十九日まで玄室の中央に安置され，その後に奥の棚や甕のなかに移される．玄室に納められるのは骨のみで遺品や葬送時に用いられる草履，杖，提灯などの道具は納められない．チュラドールに納骨する権利を持つ家は数代前の先祖の時代に確定しており，今日の恩恵は先祖のおかげであると利用者は考えている．

利用者たちの家の墓石は，チュラドールの「外」に並んでいる（図3.3）．そこ

は近年整備が進み，本来の石造りの墓本体の外に青い芝生がしかれ，その上に墓石が整然と並んだ美しい景観を有しており，一見するとチュラドールの一部のように見えるが，本来はチュラドールの門の「外」でチュラドールではなかった場所である．しかし今日，チュラドールと称されるこの墓地において，美しいと評価されているのは時にこの外の芝生と墓石群である．本章では便宜上「外庭」と称する．盆行事など墓参の際にはすべての墓石に花が供えられいちだんと華やかになる．その様子は，石造りのチュラドールが有する美しさに文字通り花を添えている．

　この外庭が，チュラドールの一部とみなされても遜色のないほどに芝生で整備されたのは近年のことで，以前は土葬時代の埋葬地だった．つまり遺体はまずここに埋葬され，数年後に洗骨され清められてからチュラドールの門をくぐり，一番奥にある玄室に納骨されたのである．

　チュラドールは聖なる場所であるから，洗骨という浄化の過程を経ない骨はなかに入ることは許されず，外で玄室への改葬のときを待たねばならなかった．

　しかし火葬の導入後，遺骨はすぐに納骨されるようになり，故人の肉体と骨が外庭に置かれる期間は完全に省略された．こうして外庭（実際にはチュラドールの門前）の埋葬地としての役割は，土葬の終焉とともになくなった．その後，衛

図 3.3　チュラドールの外の墓石（2005 年撮影）

生上の理由から埋葬地の整備が行なわれ美観についても配慮されるようになった．雑然としていた墓石（それまで埋葬場所の目印として使用されていた石を含む）が整然と並べられ，一面に芝生が敷かれたのである．そして今日では，外庭の墓石群の美しさもチュラドールの構成要素として目を引くまでになっている．

(3) 火葬導入後の納骨と墓参

　チュラドールと外庭の墓石群は南側を向いており，墓石は外庭の中央をチュラドールの門へと南北に走る通路を挟んで東西の区画に分かれて並んでいる．東と西とでは太陽が昇る東側のほうがよい場所とされる．現在，遺骨は火葬されてすぐにチュラドールの奥の玄室に納められるため，各戸の個々の墓石には納骨設備はいっさいない．

　ここでは，玄室に近づくのは納骨のときだけで，墓参は外庭にある各家の墓石に対してなされている．かつての土葬の時代，外庭は埋葬の場・洗骨の場，つまり遺体処理の場所にすぎなかった．ところが，いまその外庭に整然と並べられている各戸の墓石が，チュラドール本体に代わって墓参の対象となっている．いわば埋め墓から詣り墓への転換である．

　しかも外庭の墓石は，玄室（納骨設備）およびその内部の遺骨の代替物のように取り扱われ，墓参に際して拝む対象としてだけでなく，子孫の手で直接洗い清められる対象でもある．もともと墓石は埋葬した場所を示すための目印だったと伝えられ，故人一人につき1個の墓石が用意された時期もあった．今日では，利用する1戸につき家名を記した1個の墓石をおくことが基本である（複数個の墓石をおく家もある）．かつて故人の骨を磨いていた行為は，今日では家の墓石を磨くという象徴的な行為に置き換わっている．

　対して，本来墓の本体であり，いまも納骨場所である玄室は，納骨以外では不用意に近づいてはならないとされている．玄室は聖地のように重視されるあまり，近づきがたくなってしまった．結果，チュラドールでは玄室と墓地の敷地を共同で利用しながらも，祖先祭祀・盆行事は各戸ごとに個別化されている．

　チュラドールにおける墓参は，故人の命日と，盆と1月（正月）に行なわれる．ここでは2005年8月に筆者が調査した盆の墓参について記述する．沖永良部の盆行事は新暦で行なわれ，8月13日に墓参をして先祖の魂を迎える．魂は13日か

ら15日まで自宅で過ごし15日にお墓に帰る．墓参のときには，まず自分の家の墓石を水できれいに磨き，線香と洗い米・花・お酒などを自分の墓および周囲の墓に供える．以前はご馳走を供えたがカラスに荒らされるために省かれるようになった．家族が島内に残っていない墓石も多いが，この墓の利用者はみな親戚つながりがあるので，こられる人が周りの墓も掃除していく．

8月13日のお迎えには，各戸がそれぞれやってきて墓石を拝み，清掃していく．墓参は各自の家の墓石に対してだけで，実際に先祖の骨が眠っているチュラドールの奥の玄室に対しては何もなされない．チュラドールには近づいてはいけないとされ，大部分の人は墓参でも近づこうとしない．ただし，チュラドールの持ち主ともされる家の分家に当たるある男性（1942年生）は，まず島を留守にしているその本家の墓を掃除し花を供えてから，続いてチュラドール内に入り，玄室の入口を塩と酒で清めた．そしてそのあとで自分の家，さらに他の親戚の墓を磨いた．

この男性は，8月15日夕方のお送りのときには，まず自分の家の墓を掃除して線香と洗い米を供えてから，本家の墓，チュラドールの前庭に特別に設えられた軍人（本家の人）の墓に洗い米を供えていった．そしていちばん奥の玄室の入口にも洗い米，果物，お酒を供えたのち，手を合わせて玄室内を拝んだ．かつてはチュラドールの庭に集まって食事をしたこともあったが，近年はまったく行なわれていない．

この日，ある女性は敷地内のすべての墓石に洗い米を供えていた．洗い米はあの世で食べてもらうためのお土産だという．またある一家は墓掃除のあとにそろって玄室の門前に並んで二礼・二拍手・一礼を行なった．ただしその際に父親が玄室に近づきすぎたため妻にたしなめられるといった場面もあった．お迎えのときと比べて，お送りのときにはチュラドール内の玄室前まで近づいて拝む人が多かったようだ．しかし，それもやはり一部であり，ほとんどの利用者たちは石門をくぐって前庭に立ち入ることさえもなかった．

遺骨が眠る玄室に近づこうとする人がいないのは，けがれの忌避ではなく，祖先の骨を尊いものとする感覚が強すぎるためである．沖永良部のこの墓では，共同の納骨堂であるチュラドール玄室は容易に近づくことの許されない聖地にまで昇華されていた[8]．その一方で，墓石が供養という行為を各戸ごとに個別化する

3.2 「洗骨」の終焉と火葬への移行　　　131

という役割を果たしていた.

(4) 与論島における火葬場の供用開始

　沖縄本島や南西諸島などで火葬が導入されていくなか,奄美群島の与論島(鹿児島県与論町)は 2003 年 10 月まで「奄美で唯一火葬場が無い島」で,土葬がなされ,しかも洗骨と改葬という数年・複数回にわたる葬送儀礼が維持されてきた.各戸の墓は,埋葬場所と最終的な納骨場所を兼ね,土葬された骨は数年後の洗骨を経てカメ(厨子甕)に納められ,敷地内に埋められていた.しかし,火葬場が供用開始して以降,島は葬送儀礼の改変を経験した.

　島内の火葬場供用開始の直前である 2003 年 7 月 17 日〜23 日と,供用開始から 4 年が経った 2007 年 7 月 20 日〜25 日に筆者は島を訪れ,葬送儀礼をはじめ,火葬導入の前後について調査した.供用開始前,与論島の人々の間では「自分が焼かれるのはいやだ」という考えから火葬そのものに反対する声が根強かった.また,火葬が一般化すれば遺骨はそのまま納骨堂に直行するので改葬の過程の省略が可能になるという火葬推進派の主張する火葬の長所さえも,反対意見を誘った.なぜなら改葬されないということは,「自分の子や孫に自分のカタチを見せられない」わけで,そのために「拝んでもらえない」と不安に思うからである.けれども,主に反対の声を上げる年配者たちは,従来通りの改葬を伴う土葬が遺族にとって手間がかかるものであることを体験している層でもあったため,子や孫に「焼きはするなとは言えない」,「子孫は火葬のほうが楽だろう」との葛藤がうかがえた.

　2003 年当時,火葬場が供用開始してもすぐに葬法が変わるとは考えられておらず,島の人々は火葬が導入後も土葬の穴にかぶせるガンブタや,遺骨を入れるカメなどを継続して用いるつもりだった.実際に島内の火葬場供用開始前,隣接する沖縄本島や沖永良部島に遺体を運んで火葬を施した場合でも,遺骨は土葬と同様の年月をガンブタ,カメのなかで経た後で,墓地の納骨施設に移されていた.一度カメに入れなければ,「先祖への道」が通じないと考えられていたからである.

　与論島の火葬場,および洗骨・改葬についての新聞記事(大島,南海日日,南日本などの地元紙と,全国紙の朝日)を時系列に並べ,火葬場建設までの経緯と

葬法の変化をめぐるおおまかな流れをとらえてみよう（表 3.4）．

　与論島民（調査当時の人口は 6000 人程度）の火葬の件数は 1993 年までは 0 件だったが，1998 年ごろは年に 1～2 件，1999 年と 2000 年は各 4 件，2001 年は火葬 8 件（土葬 59 件），2002 年は火葬 21 件（土葬 51 件）と島外に持ち出す手間にもかかわらず件数が確実に増えていった．そして火葬場供用開始の 2003 年 10 月までは火葬 10 件（土葬 21 件）で，その後の供用開始から年内の火葬総数は結局 23 件だった．火葬場の供用開始後の 2004 年は火葬 68 件（土葬 4 件），2005 年は火葬 76 件（土葬 4 件）と土葬件数の減少はまさに激減である．

　島内での火葬の速やかな受容がうかがえるが，火葬施設の実現は決して容易なものではなかった．新聞記事①（1997 年 9 月 13 日，朝日新聞）では「唯一火葬場をもたない与論島」に残る洗骨・改葬が紹介され「町に建設推進委員会ができてからすでに八年，候補地として六カ所がとりざたされた．だが，浮上しては現地で反対の声があがり，結局流れてしまう」こと，「火葬だとすぐ骨になってしまってあっけなさすぎ」るという住民の声が掲載されている．同様のことが筆者の調査でも年配者からたびたび聞かれた．「自分が焼かれるのはいやだ」と火葬に抵抗感を示す人が年配者に多く，火葬以後に洗骨・改葬が完全に省略されてしまうことへの不安も根強かった．しかし，そうした抵抗を感じつつも，従来通りの改葬を伴う土葬は遺族にとって大変なものだった．そのため火葬場の設置自体に島民のほとんどが賛成した．

　にもかかわらず火葬場の建設地の決定は幾度も流れた．なぜなら火葬場に賛成の人も自宅の近くが建設候補となると反対に転じたからである．新聞記事②（2002 年 3 月 13 日，南日本新聞）は長年の懸案である火葬場について，その建設費が新年度予算案に上程されたことを伝え「夏までには着工したい」としつつも「建設場所はまだ発表できない」という町側の複雑な立場がうかがえる．

　その 5 カ月後，ついに建設予定地の決定に至ったことを地元紙の新聞記事③（2002 年 8 月 14 日，大島新聞）と新聞記事④（2002 年 8 月 14 日，南海日日新聞）が大きく伝えている．ようやく決定した予定地は原野・畑・エビの養殖場跡で，最も近い民家が「条例で住民の合意取り付けが定められる周囲二百メートルの範囲外」（記事③）であることが選定の理由だった．つまり反対する権利を有する者が条例上いない土地だった．とはいえ付近住民への説明会で了承を得たうえで決

表 3.4　与論島の火葬場，洗骨・改葬関連記事

	年月日	新聞名	「火葬場」関連記事見出し	「洗骨・改葬」関連記事見出し
①	1997.9.13	朝日		死生命あり　第4部与論島③　再会　改葬で死者と「対話」
②	2002.3.13	南日本	与論に初の火葬場　予算案上程　町長「夏までに着工」	
③	2002.8.14	大島	火葬場建設　用地取得契約を可決　与論町議会臨時会　20年来の懸案，具体化へ　土葬改葬の習慣「将来は継続困難」と南町長	
④	2002.8.14	南海日日	火葬場土地取得案を可決　立長集落の原野　与論町臨時議会　建設へゴーサイン　長年の懸案，大きく前進	
⑤	2002.8.16	大島	火葬場は島を変えるか　葬送儀礼，心の継承を　大きな転機　強まる簡素化の傾向	
⑥	2003.1.18	南日本		島唄の風景　祈り息づく　島人たちの心の世界　洗骨・改葬　33回忌まで魂は身近に
⑦	2003.3.14	大島	火葬場新築工事　安全祈願祭・起工式「住民に愛される施設に」今年8月完成見込む	
⑧	2003.8.18	大島	与論島火葬場　本体工事進ちょく70%　10月から供用開始へ　火葬件数が年々増加	
⑨	2003.10.3	南海日日	火葬場完成祝う　環境に配慮，排煙2次燃焼　民間委託し6日から供用	
	2003.10.6		火葬場「昇竜苑」供用開始	
⑩	2006.5.7	朝日		消えゆく与論の「洗骨」　遺骨掘り出し「故人と再会」儀式　火葬場でき土葬が激減
⑪	2007.5.14	大島		祖先敬い一族の結束確認　与論島で洗骨・改葬　旧暦3月の「ナヌカミシャ」
⑫	2007.5.28	大島	変わりゆく与論島の改葬　火葬場建設から4年　土葬件数減少一途　習俗過渡期に	

定され，「一見して火葬場と分かる施設では困る」という住民の本音を受けて「景観に配慮」した施設が計画されたとある（記事④）．

　火葬場の建設候補地は島内各地で反対にあい，島を実際に一周した．筆者の調査では「近くに火葬場ができると，極端な話，毎日喪服の人が近くを通る」し，葬式の様子をみなくてはならないという声が聞けた．これは生活上切実な問題で高齢化が進む島では実際に起こりえる．大きな変化が確実となる島の葬法の今後

について南政吾町長（当時）は「島の若者は大抵が島外に出てしまうこともあり，風習を継続していくのは難しい」（記事③）と強調してきた．年配者が土葬による手厚い葬送儀礼を望んでも，次の世代が対応しきれないことは島の人々にも共有されていた．しかしそのうえでやはり土葬そして洗骨・改葬儀礼へのこだわりは保持されてきた．

(5) 土葬から火葬への移行期における葬法の派生

火葬場供用開始前年の新聞記事⑤（2002年8月16日，大島新聞．沖永良部支局斉藤美穂）は，予定地決定を伝える記事の2日後に「火葬場は島を変えるか」と題し，島外出身の記者の目から従来の土葬習俗と今後の変化が描かれた．火葬場供用前における，「通夜の翌日フェリーで沖永良部島の火葬場へ行き，1泊して帰島，その日のうちに葬儀を行う」，「数十万円の出費」という火葬の実態を紹介し，火葬を選択しつつ「埋葬する場合とまったく同じやり方で葬儀を執り行う」，「（土葬と火葬）どちらか一方の文化を肯定するのではなく，個人と家族の意思表示を尊重する」という島の考えが記されている．

火葬場は島を変えるかとの問いは，当時の同島において家そして祖先祭祀の根幹にかかわる問題であり，火葬場建設がついに決定したこの時点で，島民はいよいよ答えを出さなければならなくなった．そうしたなか，火葬を選択しながらも，埋葬の場合とまったく同じやり方で執り行なうという方法が派生した．移行期ならではの現象であろう．

火葬場供用開始直前の2003年夏における筆者の調査時，島内の墓地には火葬の導入に向けて納骨設備を備えた墓が整備されつつあった[9]．しかし，火葬骨をすぐに納骨するのではなく，土葬と同じように，まずガンブタ（図3.4），次に甕（かめ）を経過させることを当たり前とする考えが根強く残っており，納骨設備がありながら一度甕に遺骨を納めている事例が多く見受けられた．つまり，《ガンブタ（埋葬骨）→甕（洗骨後の改葬骨）→崖下の横穴に骨を安置》というかつての葬送の過程から，火葬導入後に，《ガンブタ（火葬骨）→甕（火葬骨の改葬）→墓所の納骨設備》という葬送が採用されたのである．本来埋葬した遺体を上から覆うガンブタに火葬骨を入れた骨壺が納められ，火葬骨に対して洗骨・改葬の儀礼が行なわれたのである．

図3.4　ガンブタ（2007年撮影）

　それは「カメに入れないと，先祖への道が通じない」とする考えに基づくものである．与論島民が葬送儀礼を行なう目的は，死者の魂を昇天させるためである．このような考えが根強かったため，火葬場の完成が即，改葬の省略という葬法の簡易化にはつながらなかったのである．実際，2007年に島内の墓地を調査した際にも，依然ガンブタが掛けられた骨壺が確認できた．島の人の2003年当時の予想以上にはスムーズに火葬への移行が進んだものの，やはり故人の遺志を尊重して土葬を選択したり，あるいは火葬しても土葬と同じ葬送儀礼を行なったりしていた．

　また，次のような新しい過程も派生していた．すなわち，①火葬場供用開始以前の土葬骨を洗骨に際して火葬し改葬する[10]，②すでに洗骨を済ませた代々の遺骨を火葬し[11]骨壺にまとめて納骨するという2種類の過程である．その際，頭蓋骨は従来どおり他の骨とは別に取り扱う．さらに，納骨設備つきの墓石の購入が間に合わない場合，火葬骨の骨壺を土葬骨のようにカメに納めるという代替策もとられていた（図3.5）．

　新しい葬法を強く肯定しすぎると，それまで続いてきた従来の葬法の否定につながり，そうなると過去に供養された祖霊はいずれも昇天できていないことになってしまう．反対に，過去の方法を正当としすぎると，火葬化以降の葬法ではう

図 3.5 墓地に埋められたカメ（2007 年撮影）

まく昇天できないことになる．火葬後も土葬の葬送を継続したり，土葬骨を火葬しなおしたりするのは，急激な変化にあって，土葬と火葬の両方を肯定するための緩衝地帯なのであった．

(6) 従来の供養・魂観への影響

新聞記事⑥（2003年1月18日，南日本新聞）は，火葬場供用開始を年内にひかえ「土葬は大変な労力が必要．これからは火葬が主流になる」という考えが現実味を帯びた時期の記事である．この記事も火葬場は島を変えるかという問いの上に立つが，当時の与論島はこの時点ではまだ「奄美で唯一，火葬場のない」島である．そのため，葬儀に際しては，従来どおりの洗骨・改葬を伴う土葬か，島外での火葬かという選択をしなければならなかった．同記事には「暗くて狭いところに閉じこめてごめん，久しぶりに会えたねえと，親だから汚いなんて思わない」といった，洗骨経験者の体験が記述されている．そして本音では洗骨を望みながらも「子に負担はかけられない」ので火葬を選択するという島の多くの年配者が達した結論がここでも繰り返されている．

火葬は言わば，葬儀から白骨化に至る過程のスピード化である．従来の方法では，埋葬と洗骨・改葬という葬送儀礼を経てようやく遺骨の白骨化がなされ，納

骨までに数年を有していた．しかし火葬の導入によって当日の白骨化と納骨が可能となった．その利点は①葬送儀礼の期間を大幅に短縮できることのほかに，②改葬の際に白骨化しきれていない骨に出くわす恐怖を避けられることもあげられる．与論島では親族の骨に恐怖を感じることはないのだが，例外として白骨化しきれずミイラ化した骨は，供養が不十分で成仏できていないものとして恐怖する．にもかかわらず，火葬の導入によってなされる即日の白骨化はやはり拙速すぎるとする思いが，島の人々の胸に確かにあるのはなぜだろうか．

　それは，たとえ火葬で白骨化の過程が早められたとしても，魂の昇天の期間が早められるわけではないからである．与論島では死者の魂は三十三回忌の昇天まで，肉体を離れ島にとどまっているとされる．埋葬後3〜6年後の洗骨・改葬も三十三回忌まで続く葬送儀礼の序盤にすぎないのである．調査で得た事例から与論島における魂，そしてその昇天（ティヌブイ＝天昇り）について記述しよう．

　与論島では死者の魂は死んだ場所に宿るとされる．そのため在宅死に強く固執する傾向がみられる（近藤，2003）．病院もしくは事故で家の外で亡くなった場合，葬儀に先立ってまず死者の魂を家に連れ帰る儀礼をしてから，葬送が始まる．一方，各家にある（仏壇状の）神棚(かみだな)内に安置されているイヘー（丸い鏡であることが多い）にももちろん魂は宿るとされ，毎朝や月命日にはお供え物を供える．与論島民が考える先祖の魂の居場所は，墓，自宅の神棚，あるいは島内を浮遊の三つである．

　ところで与論島民の宗教は神道と仏教が混在している．たとえば一般的な葬送儀礼は50日・100日の儀礼までは神道に即し，一周忌以降は三十三回忌まで仏教に即してなされる．島の人は「与論は神道」というが，実際には神社に属する宗教者によって，お盆や年忌供養など仏教由来の儀礼が行なわれてきた[12]．年忌供養とは別に命日・月命日にも神棚のイヘーに調理した御馳走を供える．家族と同じ物を食べるとされ，亡くなった人が好きだったものを供えることもある．

　しかし，ティヌブイ（三十三回忌）以降は「生のもの（飯ではなく洗い米，ほか野菜，果物，山の幸，海の幸など）」などを，個々人の命日ではなく初代の命日などにまとめて供えるようになる．つまりティヌブイ後の魂はそれまであった個性が失われ，先祖の集合体としてのカミサマとなり，この世の存在ではなくなるのである．三十三回忌は魂が天に昇る（ティヌブイする）ための重要な儀

礼であり，法事ではなくてお祝いだとされる．「三十三回忌には，大きいイワイをして，神道のボンサンを連れてきて．これから天のカミサマになる」といって盛大に儀礼を行なうといい，最後は三線・太鼓の音色と楽しい踊りで魂を天へと送り出す．

　以上のように，与論島での先祖・家族の魂に対する丁寧な供養のうち，序盤の重要儀礼は洗骨・改葬，終盤の重要儀礼は三十三回忌のティンヌブイである．火葬の導入によって魂を対象とする日々のお供えや年忌供養に対して，即座に大きな変化はなかったようである．ところが，遺骨に対しての洗骨・改葬の儀礼には，当時からすぐにも大きな変化が予想されたため，建設地の決定以降は葬送習俗の行く末が強く意識された．

　火葬場建設がついに始まったとき，新聞記事⑦（2003年3月14日，大島新聞）では起工式の様子と同年「八月完成」の見込みが報じられた．また新聞記事⑧（2003年8月18日，大島新聞）では「本体工事の進ちょく率が70%」で「供用開始は10月中を予定」すること「一階部分に火葬炉（一基），遺族が故人と最後の別れをする炉前ホール，収骨室，待合ホール，和室待合所，事務室などを設け，二階部分には二次燃焼室」があることなど詳細が報じられた．

　そしてついに新聞記事⑨（2003年10月3日，南海日日新聞）にて，前日の完成祝賀会と，同月6日からの供用開始が報じられた．本体施設は「外観は緑青や薄灰色．煙突を建物内に納めているため，火葬場のイメージを一新」されたもので，1年以上前の建設予定地決定の際に強調された，景観へ配慮するという約束が果たされたことが述べられている．こうして，数十年にわたって島の懸案であり続け，島の祖先祭祀を大きく変化させ続けるだろう火葬場が，ついに完成した．与論島の葬送において，2003年10月は大きな転機となったのである[13]．

(7) 火葬場の供用開始直後：洗骨・改葬習俗の最末期

　2003年10月の火葬場供用開始以降，与論島では火葬の件数が急増し，土葬の件数が激減したことはすでに述べた．島の大多数の人が島内の火葬場での火葬を選択したのである．土葬から火葬への変化は，葬法の簡素化以上に，スピード化である．火葬後も，土葬の時代と同じ儀式が保たれる例があるとはいえ，葬送儀礼の苦労は格段に少なくなった．

しかしながら，すでに土葬された遺体に対しては，従来どおりの葬送儀礼，とくに洗骨・改葬が施されなければならない．土葬骨が洗骨・改葬されないまま放置されてしまうことを当時の年配者をはじめとする人々は危惧した．そこで，火葬場供用開始前後の時期に土葬がなされてから3年以上を経た頃，なるべく早くそして確実に，残っている洗骨・改葬を済ますべきだと遺族たちは考えた．火葬場供用開始後の約3〜6年間は，洗骨・改葬儀礼という習俗の終末期にあたったのである．

2006〜2007年には，2紙が変化した改葬習俗の記事を計3件（朝日1，大島2）掲載している．新聞記事⑩（2006年5月7日，朝日新聞）には2001年12月に亡くなった女性の洗骨が，2006年4月に実施されたことが報じられ，前日の前夜祭での「明日は（故人に）会えると思うと，待ちきれないです」，「骨を見ると，その人の顔や体つき，思い出が浮かぶ」といった声が拾われている．

新聞記事⑪（2007年5月14日，大島新聞）は「旧暦3月27日にあたる13日の早朝，与論島の各地では，死後3年以上が経過した死者の遺骨を掘り出してきれいに洗い清め，埋葬しなおす「改葬（かいそう）」が行われた」とし，1999年に103歳で亡くなった祖母と，2003年6月に89歳で亡くなった父の改葬をあわせて執り行ったF家の記事である．「うちのじいさんは火葬場ができる間際に亡くなったが，埋葬できてよかった．またもう一度会えると思ってきた」，「本人たちが一番喜んでいると思う」とF家の家族が語っている．同じくF家を報じた新聞記事⑫（2007年5月28日，大島新聞）では「島内外に暮らす親族や故人ゆかりの縁者，加勢人らたくさんの人々が集合した」が「（改葬は）これが最後になるかもしれない」という声がくり返され，「現在では故人が「どうしても」と土葬を望む場合を除き，ほとんど火葬」（町民福祉課）であり，「埋葬や改葬が少なくなっても，何らかの形で子や孫にこの（先祖や親を大切にする）気持ちを受け継いでほしい」（参加女性）とまとめられている．

このときのF家の洗骨・改葬儀礼（新聞記事⑪⑫）を，同年7月の筆者の聞き書き調査をもとに論述しよう．これは与論島の洗骨・改葬の晩期に属する事例である．

Fさん（1948年生．男性）の家の墓は島内の城集落の墓地にある．同家では1998年にFさんの叔父（父の弟）が亡くなり土葬され墓にガンブタが一つ建っ

た．その翌年にも祖母（父の母）が亡くなり土葬され，墓に二つ目のガンブタが建った．その後，その二人を洗骨・改葬する時期を見計らっていた頃，2003年6月にFさんの父が亡くなった．火葬場供用開始より前であり，土葬することになったのだが，与論島では同じ家の墓にガンブタが三つ以上並ぶことは家内にさらに死を招く，禁忌とされていた．

そこで父の葬儀と同時進行で，叔父の洗骨・改葬が執り行なわれた．手伝いをしてくれる加勢人を葬儀の組と改葬の組に分け1日で両方の儀礼を済ませた．つまり，まず叔父のガンブタを取り払って洗骨と改葬を済ませてから，父を土葬して父のガンブタを建てたのである．結果，叔父の改葬は臨時に行なわれたわけで，Fさんによると「改葬した気にはならんけど」，「ヤヌシ（家主）としては楽」だった．というのも，正式に改葬の儀礼を行なう際にはヤヌシは親類縁者からなる加勢人に仕事を振り分け，暦を読み，儀礼の全体を取り仕切らなければならないのだが，このときFさんは父の葬式だけに専念できたからである．

それから4年後の2007年5月，Fさんの家では祖母の改葬と父の改葬を同時に行なうことにした．Fさんはヤヌシとして事前に当日加勢してくれる人を頼み，仕事を振り分けた．加勢人については，たとえば本人の干支と同じ干支の日には墓には入れないなどの禁忌があるため，加勢人の候補者の干支を確認し，予定日の暦と照らし合わせて決める必要がある．このことにFさんはたいへん頭を悩ませ，その改葬について記録したノートには出席する親類縁者全員の姓名と生年月日などが記されている．しかも親類のなかには詳しい人が必ずいるから十分に「ぬかりなくできる」と判断し，シンカンなどを頼まず親類縁者だけで行なった．

改葬は旧暦3月27日か29日に行なう決まりである．F家では当日（5月13日＝旧3月27日）の前夜に前夜祭を行なった．別の男性（1921年生）によると，前夜祭では故人を祀り「明日はあなたをきれいにするから，こんなん丸まった死体になって人をおどかさないように，玉のようにきれいになっていてくださいよー」とお願いした．成仏しきれていない遺骨は肉や皮が残ってミイラ化するとされるからである．また故人の魂とともに翌日用いる骨壺の蓋も祀り，蓋に故人の名前・洗骨の日付などを記録した．

改葬儀礼に必要な主な役は，頭蓋骨を持つ役，骨を洗う役，傘をさす役，そのほか雑用などで，詳しい年配者に顧問に就いてもらった．祖母と父の二人の改葬

を同時に行なうにあたって，同時に改葬するときは儀礼上の役目は掛け持ちさせられず「片方に手を出したら，もう片方に手を出せない」決まりがある．そのため人員を省けるわけではなくかえって複雑さが増した．当日は結局，Fさんの母が我慢しきれずに決まりを破って両方の洗骨（Fさんの母にとっては夫と姑）に手を出してしまった．このことは洗骨という行為と故人の遺骨に対する，与論島の人の気持ちの高ぶりをよく示している．Fさんの母はいけないこととは知りつつ，周りから止められても両方の洗骨に手を出さずにいられなかった．洗骨・改葬は故人との再会を果たし，語り合う大切な機会なのである．

このときの改葬は，対象であるFさんの父からみると子と孫が全員そろっており，近年ではめったにない喜ばしいこととされた．しかし，これほどの規模かつ正式な改葬儀礼は今後なかなか行なわれないだろう，これが最後の改葬になるのではないかと誰もが思いながらの参加であったとのことである．

2007年の調査は，2003年の調査時において火葬導入後も土葬と同様にガンブタやカメなどを用いた葬送が行なわれていたことのその後の追跡調査を目的としていた．2003年当時に島の人が予想した以上に火葬の導入はスムーズに進んだものの，土葬時代の葬送をできる限りなぞろうとする様子をある程度みることができた．当時はまだ，火葬場供用開始以前の土葬骨に対する儀礼も引き継がれており，儀礼に詳しい年寄りたちも旧来の方法での葬送を可能な限り行なおうとしていたからである．しかし火葬場供用開始以降，葬送に関してはすでに火葬が第1の選択肢となっていて，洗骨・改葬を伴う土葬はもはや例外的だった．お墓からは目に見えてガンブタがなくなった．

一方で，火葬した骨を持ち帰って家で祀るという新たな過程を加える家が増えていた．気持ちのうえでは従来どおりの方法を望みながらも，次第にそれは果たせなくなっていくなか，現れたのは決して単純な簡略化ではなく，現時点でできる限り供養の気持ちを表現する方法の模索だった．たとえその変化が後の時代からふり返ってみて，葬送儀礼の簡略化にしか見えないものだったとしても，人々が抱いていた変化の目的は，決して儀礼をただ簡単にすることだけではなかった点に注意しなければならない．

一見簡略化を経た後のように見える儀礼のなかにも，むしろ世のなかを覆う大きな簡略化の流れにあらがったものがあり，与論の人々が変化のなかで選んだ最

低限必要な供養の実践，あるいは今後も無理なく実践しうる新たな方法がある．火葬骨をすぐに納骨堂には入れずに1度自宅に持ち帰って祀るという新しい過程の導入は変化に際した人々によって緩衝材のように差し挟まれた過程であり，性急な簡略化以外にまだ選択肢があることを提示しているように見えた．

3.3 「墓参」の変化と今日の実態：沖縄本島の清明祭を中心に

(1) 墓参の日：清明祭の受容と首里・那覇から地方への波及

最後に，沖縄本島における墓参について，その分布と変遷を理解したうえで，自動車社会化を経た今日そして今後の墓参の実態を描いていく．最初に沖縄各地の祖先祭祀の主な行事を，対象（墓・位牌など）によらずにひとまずあげてみると，旧暦1月16日の十六日祭（ジュールクニチ），春の彼岸，新暦4月5日頃の清明祭（シーミー）[14]，旧暦2・5・6月15日のウマチー（御祭），旧暦7月の七夕から旧盆，秋の彼岸などがある．このうち，今日の沖縄本島中南部でとくにさかんに行なわれるのは，一家・一族総出で墓参する清明祭，宗家の仏壇（香炉・位牌）の祭事であるウマチー，そして旧盆[15]である．

以降で検討する4月の清明祭は，沖縄本島中南部での主な墓参の機会である．そもそも清明祭は中国大陸の習俗が受容され18世紀に首里・那覇に定着してから徐々に広まっていった習俗である．小川徹（1987）と平敷令治（1995）は1728年に琉球において一門申し合わせて清明祭を創始した蔡氏（さいうじ）一族の『蔡家家憲』（別名『四本堂家礼』，1736年成立）という琉球士族の史料，特に蔡氏一族が在住した那覇の町方における当時の家内の祭祀の記録である「年中諸礼式之事」から，琉球に導入された初期の清明祭を論じている．

小川の分析から，18世紀当時の士族の家における先祖墓を対象とした祭祀の機会をあげてみると，1月16日（先祖墓に灯明・茶・酒・焼香，御霊前に白粥），清明（先祖墓と御霊前に供物・灯明・茶・酒・焼香），7月12日（先祖墓と御霊前に灯明・茶・焼香．盆のお迎え），7月16日（先祖墓のみに灯明・茶・酒・焼香．盆のお送り）の年4回だった（このほか「四本堂家礼では由来のないことだから廃止」されたという5月3日の墓参もあったらしい）．小川は「今まで沖縄になかった清明の墓前祭が参入してくることが，今日からみて重要な史実」とし，御霊

前の祭祀を中核とした祖先崇拝が多様化し「正月十六日墓前祭が行われるが，祭祀の比重は盆祭の強化，および，正に導入されたばかりの門中清明墓前祭に移った」と総括している（小川，1987）．

さらに小川は「今日では清明祭を当然のことと信じて疑わない地域でも，意外に近い時期に新旧の交代があった」と指摘し，『家風祭典』と名づけられた史料をもとに 1909（明治 42）年の沖縄本島北部農村（名護市真喜屋区）において，清明祭と春秋の彼岸祭の導入が図られた顛末を論述している（小川，1987）．それによると清明祭は，明治時代の農村有識人に共通して中央の風,「都会」の良俗と見なされ，一方で従来の旧暦正月十六日および七夕での墓参，つまり「正七月型」の先祖祭は旧式と映った．明治において旧態を改めることが試みられたのは，代々の先祖に対する無礼をただすためであり，それに当たって首里から近隣に移住していた寄留士族たちが実施していた「中央の風習」が模倣された．ところが，ここでの清明祭は「実行数年にして廃止の運命を辿り，結果的には清明祭は真喜屋には定着しなかった…（略）…大勢としてこの村の祖先祭は今日なお，盆を伴った「正七月型」に止まっている」．小川はその直接的な理由の一つとして「ごく最近」(1970 年) も当地域で生活改善の一環である新暦採用の試みが成功しなかったことをあげ，周囲が旧暦で暮らすなかでの新暦の採用は二重生活であり負担過重となったとしている．このように明治時代の沖縄本島北部において，十六日祭と七夕から，清明祭（と彼岸祭）への墓参の変更が試みられはしたものの定着せず，小川が同稿を記した 1970（昭和 45）年当時まで旧暦の「正月十六日祭と，盆に先立つ七夕の墓参が，北部沖縄一帯では今日も盛ん」だった．

一方で小川は，同じ名護市の我部祖河区のある家の史料『毎年諸祭記』(1879（明治 12＝光緒 5）年頃の成立と推定）と，それを戦後に書き改めた『家内記録』を比較検討し「民俗史的に知られる古風な正月十六日＝七夕型の墓前祭は，この家では『毎年諸祭記』から『家内記録』に至る間に廃止」されたことも見いだしている．しかも『家内記録』には春秋彼岸祭も導入されているという．ただし，「上層農家の一部にみられる中央志向の風にも拘わらず，管見の限において，この地域の現行民俗では正月十六日＝七夕型の墓前祭は，漸次普及をみせつつある清明祭施行と併行してなお存続しつづけている」と書き加えている（小川，1987）．

小川徹の論考には，沖縄本島北部（現在の名護市）において進行中だった墓前

祭の変化の足跡が読み取れる．そこに描かれているのは，他ならぬ祖先祭祀の担い手たち自身が，中央の風と照らして，祖先にとって，そして自分たちにとって，どのような墓参が正しいとすべきか考えながら取り組んだ試行錯誤の記録である．

(2) 十六日祭と清明祭—復帰前の調査成果—

平敷令治は大陸の清明墓参を蔡家などが受容してからの普及・伝播について「王家でさえも1768年以後であるから，首里・那覇の王府官人の間に普及したのはおそらく18世紀末であろう．現在でも清明墓参は宮古では一部の旧家がおこなうのであり，八重山では家族単位の清明墓参は普及していない．実は，沖縄本島の南部地域ですら，いまだに清明墓参をおこなわないところがある」と述べている（平敷，1995）．

清明祭以前からの墓参の日だった十六日祭の内容と分布について，平敷は「正月十六日に祖霊を祀る習俗は沖縄諸島から八重山諸島に至る全域に分布している．本土と対比すれば，「沖縄的」といえる年中行事の一つである．今帰仁村では，この日はウジュー（肴と餅）をもって自分の家の墓に詣でた後に，チョーデービー（親戚）の墓にもお参りする慣わしであった」（平敷，1990）と説明し，比嘉政夫も「この行事は祖先を供養するものとしてはほぼ琉球列島全域に分布しているようである．清明祭などが沖縄本島に主として行なわれ宮古，八重山に稀薄であるのを考えると，清明祭より基層的，オリジナルな祖先祭祀とみることができよう」，「ジュールクニチ，ミーサともいうが，ミーサとは特に過去1年以内に死んだ新仏のある時にいうところもある．一般にこの日を後生（死者）の正月とする観念があり，墓に詣でて，祖先をなぐさめる日である．墓に一族そろって，重箱に餅，豆腐などを入れた供え物をもって出かけ，歓談をし時には三味線を弾いて祖先をなぐさめるところもあるという．墓詣りは新仏の出た家が中心となるという地域（今帰仁村今泊，東村平良など）や普通の家も門中などがそろって墓詣りをして，特に新仏の家が他家より早目に出かけるという地域（大宜味村喜如嘉，国頭村与那，糸満兼城など）もあり変差が目立つ」（比嘉，1982）としている．また最近の調査成果として越智郁乃は「八重山や宮古では十六日には墓に親族が集まり墓庭で御馳走を広げる姿がみられるが，特に新十六日，すなわち死者が出て

3.3 「墓参」の変化と今日の実態：沖縄本島の清明祭を中心に

初めての十六日は大きな儀礼を行い，墓前での焼香に訪れる人も多い．…（略）…一方，沖縄本島及び周辺離島では，清明節から一ヵ月の間の週末に，墓前に親族が集う清明祭が行われる．十六日は死後三年以内の死者のために各家の仏前で行われるものであり，墓に親族が集うことはない．このように八重山・宮古とでは十六日の内容が異なるため，本島において十六日を行う場合は，平日であれば家族が昼間に集まりにくいことから，移動した家によっては十六日を墓前で行わず清明祭に移行する場合がある」と，島から本島に移住した家の墓参について報告している（越智，2015）．

沖縄各地における墓参の実態について，復帰前の1968年度の沖縄で実施された調査成果からも確認してみよう（琉球政府文化財保護委員会，1970．表 3.5．既出の図 3.2 も参照）．

十六日祭の墓参について，本島北部の「中南部の清明祭に匹敵」（1：以下（ ）内の数字は表 3.5 の地名欄の数字），「首里・那覇の清明におとらず盛大」（2）との記述は，中南部や首里・那覇の清明での盛大な墓参を意識しつつ，それに対して北部では十六日祭が主たる墓参の日だったことを示している．その北部ではミーサ（新仏）は朝のうちに墓参（1, 2）して午後に「各門中とも墓に集まり先祖をまつる」（1）のに対し，中南部では「墓参の日（しない家もある）．死後 2 ヶ年ほどは盛大にお祭り」（12）のように墓参は新仏を出した家のみの傾向がある（7 の勝連のみがミーサに限らない供養）．本島北部と同じく十六日祭に主に墓参をする離島のうち，久米島の 2 地域では「ミーサだけ（ばかり）でなく」（13, 14）とわざわざ書かれているが，これは本島から近いゆえに本島中南部で十六日は新仏のみの墓参だと知ったうえでの記述と考えられ，遠く離れた宮古・八重山ではそのような記述はない．なお平良市（16, 18）では墓前にはいかずに近くの畑や道路から遙拝して食事するのが特徴的である．このほか，伊良部（19）では洗骨の機会であること，多良間（20）では晴着で墓参すること，竹富（23）では「まだ仏のない分家の人々も馳走を持参して」集まることなどが興味深い報告である．

次に清明の報告を検証してみよう．まず清明の報告が一切ない地域（2, 15, 16, 18, 19, 22, 23）が多く見受けられることに気がつく．各地の調査担当者によって記述の厚さに差がある資料ではあるが，十六日祭の報告がない地域はないのに対して，清明の記述がない地域がこれだけある点は重要である．記述があっても離島

表 3.5　復帰前の沖縄における墓参の実態

琉球政府文化財保護委員会編 (1970)「沖縄の民俗資料」より関連項目を抜粋・要約

地域		地名（調査時）	「年中行事」の項：祖先祭祀の報告	「祭」の項：祖先祭祀の報告
沖縄本島北部	1	国頭村比地 くにがみそんひじ	1月16日：門中ごと盛大にごちそうをつくる 3月3日：麦穂祭、清明祭 7月7日：初七夕の家は餅のお重 7月13日：お迎え。7月15日：夜中に送る	1月16日：各門中とも墓に集まり先祖をまつる。中南部の清明祭に匹敵。ミーサの家は朝のうちに墓参する 7月：盆。各戸で行なう
	2	大宜味村謝名城 おおぎみそんじゃなぐすく	1月16日：ミーサ（ミーサの家は午前中、午後は、全部落民墓参り） 7月：盆。13日に迎え、15日に送る	1月16日：ミーサの家は朝のうちに墓参をすます 部落民は御馳走をつくり、それぞれの墓や門中墓に集まり、首里、那覇の清明祭におとらず盛大 7月：盆。各戸で行なう
	3	東村川田 ひがしそんかわた	1月16日：ミーサー 3月3日：清明祭（門中が集まる） 7月13日：ウンケー、部落中が村墓に集まり、太鼓・歌で行列。エイサーを踊る	3月：清明祭、門中が集まる 7月13日：部落民が総出で村墓まで先祖の霊を迎えにいく。先祖を迎えての御前舞踊
	4	名護町喜瀬 なごちょうきせ	1月16日：前年に死んだ人の霊を弔う焼香す、公の農民行事 2月：彼岸（春分） 3月：清明祭、期日は清明の節分で適当な日を選び門中統一	1月16日：各人親戚家族の者が墓場で供養。昔は親戚家族の者が墓場で供養。期日は清明の節分で適当な日を選び門中統一
	5	羽地村知花 みさとそんちばな	1月16日：終り正月、ミーサ 4月5日：清明祭 7月：13日ウンケー、15日ウークイ	1月16日：ミーサ 3月3日：清明祭 7月：盆
沖縄本島中南部	6	石川市石川 いしかわしいしかわ	正月16日：墓参りをしてタ貪を供える。ミーサの墓に、餅、御膳を供える 3月21日頃：春分の日。祖先の念をこめて祈願 4月5日頃初清明祭。自家の墓や外戚の祖先の墓も墓参してお重を供える 7月：13日ウンケー（迎え）、15日夜遅くごちそうを供え遺文書の印を焼いて祖先の霊を祭る 秋分の日：ごちそうを供え遺文書の印を焼いて祖先の霊を祭る	1月16日：ミーサ 3月：清明祭
	7	勝連村安名 かつれんそんあんな	1月16日：特にミーサの営みはなく、先人全部の供養 3月：清明祭、節人久の日は部落一斉に行なう 7月：7日七夕、墓参、墓地の清掃、13～15日盆祭り	
	8	中城村伊舎堂 なかぐすくそんいしゃどう		1月16日：ミーサ 3月：清明 7月：七夕、お盆
	9	北中城村熱田 きたなかぐすくそんあつた		1月16日：ミーサ 3月：清明 7月：七夕、盆
	10	読谷村座喜味 よみたんそんざきみ	1月16日：年間に新仏ののでた家は参 2月：彼岸、庭先にごちそうを供え、子、午の方向を拝む、作物の所願 3月：清明 7月13～15日：お盆	1月16日：ミーサ、16日 3月：清明祭、各門中の墓を 7月：お盆

3.3 「墓参」の変化と今日の実態：沖縄本島の清明祭を中心に

地域		地名（調査時）	「年中行事」の項：祖先祭祀の報告	「祭」の項：祖先祭祀の報告
沖縄本島中南部	11	玉城村富里 たまぐすくそんふさと		1月16日：祖先のお墓参り。とくにミーサは巻き線香を供える 2月：彼岸。各戸毎に祖先の霊を祀る 3月：清明祭り。各戸毎に墓参 7月：7日七夕、門中の人が集まって門中墓の清掃。13日お盆の迎え。15日盆のお送り
	12	首里上儀保村 しゅりかみぎぼむら	1月16日：墓参の日、実紙。死後2カ年は盛大に祭り 2月15日：彼岸、 3月3日：ウジュー（御重）清明（ウシューミー・清明祭） 7月：7日タナバタ（七夕） 8月：墓参（七夕）（シチャビ） 13〜15日盆	
	13	久米島志川村兼城 くめじまじしかわそんかねぐすく	1月16日：墓参 2月：彼岸。丸餅、赤飯、肴を仏前に供え、紙銭を焚いた 3月：清明（墓参はしない）。仏со供え物は彼岸に同じ 7月：7日七夕、墓の掃除。13〜15日：お盆（13日夕到着を迎え、15日晩お送り） 8月：彼岸（供物など2月の彼岸に同じ）	1月16日：ミーサだけでなく、各家々をあげて墓参する、前日で墓所を掃除。当日は半日墓前で団欒 2月：彼岸 3月：清明 7月：七夕 8月：彼岸
	14	久米島仲里村真謝 くめじまなかざとそんまじゃ	1月16日：墓参 2月：彼岸。餅、赤飯、肴を仏前に供える 3月：清明、墓掃除。13日夕刻、迎え火を焚いてお迎え。15日の晩、または16日の朝お送りをした近年はほとんど15日晩の送りで、日後日がまた15日中火は焚かない） 8月：彼岸（餅、肴、仏前に供える）	1月16日：墓参（ミーサばかりでなく、各家々一斉に行なう。前日で墓掃除。酒なども準備して墓参。親戚の墓にも焼香、親戚も紙銭） 2月：彼岸。酒肴を供えて焼香。紙銭 3月：清明。墓参はしない
離島	15	平良市久貝松原 ひららしくがいまつばら	正月16日：祭（ヨース折祈り、先祖祭り） 2月：7日タナバタ祭り。13〜15日：オボン（13日ンカイビ、14日ナカヌヒ、15日ウフィュー、ウクルンピー）	10月〜12月までの間の5回にわたって：祖神祭・ウヤガン祭り
	16	平良市島尻 ひららしましじり	1月16日：先祖の精霊を祭る。ごちそうを供える。ウドジャ（親戚）、同土集まって、持ちよった御馳走を食べる。路などで通拝。ウドジャ、タナバタ、盆にはいかない。墓の近く畑や路で食べる。最近は仏壇で、旧盆はあまり盛大にやらない	
	17	平良市池間島前里 ひららしいけまじままえざと		
	18	平良市狩俣 ひららしかりまた	1月16日：ジューレュチー・正月スマュー。祖霊の供養に、野原や畑又墓へ通ずる名路の端で、白餅お重、酒、線香などを供え、ウチカビ（紙銭）、煮物などを焚いて供養する	1月16日：祖霊を供養するため、墓地近くの畑や路での白餅やお重や路のお重ね御馳走などを持っていく
	19	伊良部村国仲 いらぶそんくになか	1月16日：先祖祭りをとなう。各家で祭ではお重と餅を盛り祖霊を供養 2月：彼岸（ピガン） 7月13〜15日：ボン 8月：彼岸（8月ピンガン）	

第3章　南西諸島における葬送・洗骨・墓参の変化

地域	No.	地名（調査時）	「年中行事」の項：祖先祭祀の報告	「祭」の項：祖先祭祀の報告
離島	20	多良間村仲筋・塩川・水納　たらまそんなかすじ・しおかわ・みんな	1月16日：16日祭。早朝に、門中の人口総出で墓地の清掃をなし、帰宅して晴着で、家族揃ってお重をたずさえて墓参する。門中でお供えをしたあと、お重をひらいて、一同でぱっぱって御馳走をする 3月23日：新暦の彼岸祭（ぴがんまつり）。各家庭で、お重をつくって仏壇に供えて礼拝。彼岸明けの3月23日をもって仏壇に供えて礼拝。彼岸明けの3月23日には墓地の清掃はしない 4月5日：清明祭（しいみーまつり）。この日には墓地の清掃はしない 7月7日：たなばた。門中の若い者が墓地の清掃をなし、帰宅して家族をひきつれて、お重うけをたずさえて、墓前にお供えしてお焼香をする。茶、お重を供えて、お焼香をなし、3日間各家庭で先祖の仏壇に精霊送り 7月13〜15日：お盆。3日間各家庭の仏壇に供え、精霊送り 9月23日：ぴがんまつり。家庭で、家庭各戸で、お重を先祖さまに供えて祀る	家庭祭は、16日祭、彼岸祭、清明祭、9月9日、冬至、大晦日
	21	石垣市川平　いしがきしかびら	1月16日：16日祭。墓参、祖先祭、祖先の霊を祀る 2月：新暦2月。彼岸祭、大宗の墓前に一門が集まる日 3月下旬：清明祭。大宗の墓前で墓参り 7月7日たなかそうろん。祖先供養日。13〜15日：そうろん（盆）。13日夜から15日のお送り時（一番鶏のなく前時刻）まで祖先を供養 8月＝新暦9月：彼岸祭。供え物を飾り、お祭りする	1月：16日祭。祖先の供養、墓参り 2月：彼岸祭。祖先の供養および墓参り 3月：清明祭。大宗の墓前に集まり、墓前で門中年忌供養 7月：七夕。7月7日に祖先の年忌法事、法事する 盆祭：7月13〜15日祖先の供養 8月：九月祝い、同上
	22	竹富町黒島　たけとみちょうくろしま		1月：十六日祭。祖先の供養、墓参 2月：彼岸祭。仏壇にて祖先の供養 7月：七日ソウラ、お盆祭。仏壇にて祖先の供養 ：サワラ。彼岸祭。仏壇にて祖先の供養、各戸での祝祭 8月：彼岸祭。仏壇にて祖先の供養 9月9日：九月祝い、同上
	23	竹富町竹富　たけとみちょうたけとみ	1月16日：16日祭。墓の庭で祖先を祀る 2月2日：彼岸。祖霊を祀る 7月7日：ジョーロー、13〜15日：お盆 9月：秋彼岸。祖霊を祀る	16日祭：餅、魚などをつくり、家族や親戚の人々も魚をも重を持参して墓参し、1日中祖先を祀り墓の庭で魚重を祀って墓走、分家の人々にふるまう。7月のシューロー、7月13日の夕方祖霊を迎え入れ供養し、16日の夕方頃送り出す 盆祭：ジョーローマイ（長老前）・ジューロー、集まって遊ぶ
	24	西表島祖納　いりおもてじまそない		1月16日祭：ミーサは精進料理をつくるが、一般は祝儀と同じ。まだ仏のない分家の人々も魚魚を持参し、1日中祖先を祀って墓走。夕方子供らが魚走をお重につのり、集まって遊ぶ 2月：ピンガン（彼岸）、一門の大祖の祭をする日 3月：7日セダ。家庭で法事。13日ソウケル（盆）。3日間祖先の墓を祀る。13日の夕方には迎え入れて、15日の夜中頃に送る

3.3 「墓参」の変化と今日の実態：沖縄本島の清明祭を中心に

では, 清明に「墓参はしない」(13, 14),「墓地の清掃はしない」(20) と追記されている. 本島中南部では「自家の墓や外戚の祖先の墓も墓参してお重を供えてお祭り」(6),「各門中の墓で豚をほふった」(10) などとあるのと対照的である.

沖縄県域各地で十六日祭がまず伝承されていたところに, 後世になって首里・那覇から清明祭の受容が始まって周辺に波及していったことがこの記述の差にも現れているのであろう. そうだとすると, 主たる墓参の日が清明に移行した本島中南部においてもなお, ミーサ（新仏）に対する旧1月16日の墓参が残存したことの意味もまた重要となってくる. 新しい民俗の導入という変化のなかで, これだけは変えられずに残された可能性が高いからである.

(3) 自動車に頼った戦後の墓参

沖縄の墓参は, 単純に自分の家の墓（祖先や祖父母や父母が入り, いずれ自分も入る墓）を拝むだけでは済まずに, 自家の墓よりも優先的に拝むべき, 祖先・元祖の墓がある場合がある. 沖縄本島中南部では4月5日頃の清明節後の日曜日から始まり, 数週間にわたって墓参を行なう. まず系譜の最初に位置する祖先（元祖）の墓から墓参にいく. これを神御清明（カミウシーミー）と称する. その後, 系譜関係をたどって（例えば元祖直系の大宗家系統から分立した小宗家, 小宗家系統から分立した自家にとっての本家などを）墓参し, それらが済んでから自家の墓を拝むものとされる.

それらの墓が近くにあるとは限らない. かつて, 遠く離れた墓や宗家への祖先祭祀には体力のある若者たちが一家や門中や地域を代表して, お供え物を担いで徒歩で向かっていた. それが今日では自動車での移動によって年少者や高齢者のような体力のない世代も含めて親戚一同がそろって行事に参加できるようになった. そのため自動車で行事に参加している今日の高齢者の中には若い頃に徒歩での清明祭の墓参を経験し, いまなお参加し続けている人が見受けられる（武井, 2015a, c）.

自動車に頼った清明の墓参の事例を以下に示す. 対象は, 沖縄県中頭郡中城村（なかがみ なかぐすくそん）北浜（きたはま）に集住するN門中（既述の昭和の葬送事例の対象者もこれに属する）で, 同行した墓参は2005年4月10日と17日の日曜日に行なわれた. N門中の人々が自家の墓より前に門中元祖から系譜関係をたどって自家に至るように拝むべき複数

の墓は那覇市内の3カ所である．かつては若い男子の一団が早朝からご馳走の重箱を担いで出向いたと回想されるが，近年ではその経験者が高齢者になっても引き続き参加し，昼前に集合して家族・親戚一同と自動車で向かっていた．2005年4月10日のN門中の神御清明は次のとおりである（武井，同）．

　11時半頃：自動車数台で中城村北浜を出発．

→12時過ぎ：那覇市内の墓A＝大宗（元祖）の墓前に集合．重箱（餅，おにぎり，卵焼き，こんにゃく，かまぼこ，豚肉，昆布，ごぼう，厚揚げ豆腐），果物，泡盛を供えそろって線香をあげて墓を拝み，すぐ自動車で次の墓へ移動．

→13時前：小宗（大宗から分立した，N門中の初代の実家に当たる家）の墓Bに到着．同じ門中に属する別の一団が墓参していたので暫く待つ．

→13時過ぎ：墓前に重箱を供え線香をあげ，そろって小宗の墓を拝んでから，自動車に乗って移動．

→13時50分：N門中自身が管理している，小宗家から分かれた人物の墓Cに集合．墓前に重箱・線香を供え線香をあげ，そろって墓を拝む．

→14時頃：ここまで3カ所の墓前に供えてきた重箱の中身を参加者全員で取り分け，墓前で揃って食事．年に1度墓前に集合して重箱の中身を分け合い歓談するこの機会にN門中の総会が開かれ，事業報告などが行なわれる．

→15時頃：1時間ほど食事してから現地解散し，自動車を乗り合わせて帰宅．

　以上が神御清明の一例で，墓A（元祖・大宗家）→墓B（小宗家）→墓Cと，元祖から系譜関係に沿って墓をめぐる．その続きとして，翌週の日曜日には住所の中城村近辺にあるN門中の本家の墓D，さらに自家の墓Eを墓参する．その日のある一家の墓参の事例を以下に示す．

　13時50分頃：重箱（餅・おにぎり）・果物・泡盛・スーパーで購入した料理（オードブル）を持って，先に自家の墓Eへ．墓に向かって左側でウチカビ（紙銭）を燃やし泡盛をかけ，重箱の中身を供えてから家族そろって墓を拝み，重箱の中身を広げて食事．祖先と共に共食することが目的で，数分で済ませた．

→14時30分：本家の墓Dに顔を出し，すでに食事を始めていた本家の人々と食事をともにし，15時過ぎ頃に帰宅．

　2週間にわたる日曜日の午後の墓参のうち，特に1週目の神御清明は那覇市

内の3カ所の墓所を親戚一同で回るため自動車での移動が不可欠だった．自動車のおかげで，年少者や年配者など体力のない世代も行事に参加できたのである．

(4) 一族総出の墓参の見直し

ところが，N門中の一族総出の墓参は，上記の調査から10年後の2015年で終わってしまった．その後の変化も報告しなければならない．

2016年4月の清明祭からは墓A〜Cをすべて回るのは代表の高齢者3名としたうえで，有志の参加を募ることになった（第2週の墓参はもともと各家庭でできる範囲で行なわれていた）．各家庭から一律でのお金の徴収も止められ，4月第1週の日曜日に墓Cに墓参に来た有志からのみ徴収することになった．それに先だってN門中の代表幹事7人名義で会計報告がなされ，残高は今後の墓の整備，および有志で清明祭を続けるにあたって不足が出た場合にあてることが提案された．

この見直しの理由として，複数台の自動車を停める場所が墓の付近で確保できなくなったこと，各家庭で世代が代わったために従来どおりの墓参が難しくなったことがあげられる．さらに墓Cは那覇市の計画上，長年移転を打診されてきた土地で，いよいよ近年中の移転も余儀なしとされている．今後は市に対して，せめてその土地すなわち首里に自分たち門中の先祖の墓があったことの記録（GPSの記録も含む）を残してほしいと要望していくことにしている．

これまで続いていた一族総出の墓参は，若い世代も参加して門中の清明祭を継承する世代交代の場だった．しかし次世代の若い家族にとって参加の継続はもとより，その継承も負担で困難であることが，N門中内で自覚された．一族総出の墓参やその場における世代間継承を当然とする考えそのものが見直されてしまったわけである．わずかながら有志の参加は今後も見込まれるものの，結局，かつて徒歩での墓参を青年として経験した世代の高齢者たちだけが，引き続き自動車で墓参を続けることとなった．このことを，単に伝統の崩壊などと外部からいうことはできない．沖縄の祖先祭祀が直面している現実として受け止めざるを得ないのである．

以上，南西諸島の葬送・洗骨・墓参について，それぞれの変化を論じた．葬送

については沖縄本島中南部の村での聞き取り調査から，昭和から平成の変化（火葬の導入前後，葬儀社の関与）について定点観測的に明らかにした．既刊の国立歴史民俗博物館資料調査報告書に記載された都道府県の調査成果と合わせて日本各地の葬送との比較の材料となれば幸いである．洗骨と墓参については，まず先行研究・報告を参照して南西諸島全体における変遷や分布（洗骨の伝承地域や，墓参の日）を確認した．そのうえで，筆者の調査（鹿児島県の沖永良部島・与論島，および沖縄本島中南部）に基づいた近年の具体的な変化（洗骨地域への火葬の導入，自動車の普及後の墓参）の実態を示し，今日に至るまでの変化を論述した．個々の変化をただ個別のものとして書くのではなく，より大きな変化のなかに位置づけられるよう心がけたつもりである．

　葬送の時代ごとの変化にせよ，洗骨終焉後の変化にせよ，墓参の変化にせよ，これからも変化は続いていく．本章で論述できた近年の調査成果も，近いうちにあるいはすでに途中段階の事例となるだろう．調査を継続することで今後の変化の行く末を追跡し，民俗学的学究を積み重ねていくことが求められる．

注

1) 沖縄の墓を利用と所有から分類すると，①村墓（むらばか）：ムラの住民での共用，②模合墓（もあいばか）：寄合墓（よりあいばか），複数の家での共用，③門中墓（ムンチューばか）：門中という父系の親族集団での共用，④家族墓（かぞくばか）：家墓（いえばか），一家ごとの墓，に分かれる．①〜③は複数の家による共同利用である．④は家ごとの墓で，家族墓が主流の地域では，分家した場合は家だけでなく墓も分かれるべきとされる．このほか，元祖をはじめ先祖が納骨されているがもう追加の納骨はされない墓もあり，主に門中単位で所有され清明祭などの祭祀対象となっている．
2) 「墓口（はかぐち）を開ける人は死者が子年であれば，子・丑・寅・卯・辰はカイクミと称され携わることができず，巳・午・未・申・酉・戌・亥はウチハナと称され，墓口の開閉に携わってよい．実際は墓口は大きい石なので，びくともしない．それで3回たたいて開けるしぐさだけをする．たたいたら，あとは誰が開けてもかまわない」（名嘉真，1989）．
3) 首里か那覇から招かれたニンブチャーは，死人の家に迎えられると鉦をつるして打ち鳴らし，時折死人の枕元で彼世（あのよ）の案内めいたことを語った（佐喜真，1925）．鉦を打ちながら葬列の末に加わって，墓に至り，いわゆる念仏をやって，金や米をもらって帰った（佐喜真，1925）．「念仏者は，廃藩置県後，僧侶が王室の保護を離れると，その生活上，葬礼や仏教行事に頼らざるを得なくなり，念仏者の活動を不必要とするに至り，次第に消滅した」（島尻，1980）．「北は中城（なかぐすく）辺りまで」（島尻，1980），つまり本章の調査地

あたりまでがこの民間念仏者を求めた地域だった．
4) 四十九日までの7回のナンカスーコー（七日焼香）のあとは「ヒヤッカニチ（百日目）とニンチスーコー（年忌焼香）がある．ニンチスーコーは，イヌイ（一年忌），ンチュヌイヌイ（三年忌），シチニンチ（七年忌），ジューサンニンチ（十三年忌），ニジューグニンチ（二十五年忌），サンジューサンニンチ（三十三年忌）の6回行われる」（名嘉真，1989）．
5) 「現在までに筆者が資料として得た地域のみを記してある」（名嘉真，1968）
6) 大宜味村喜如嘉における火葬第1号は，火葬場の落成祝賀会（1951年12月）の6日後，1952年1月2日に亡くなった85歳の女性だった．もし第1号が若い人だったらタタリと受け止められ利用が続かなくなると心配されていたが，高齢の女性であり，その火葬骨が白くきれいであることで皆が満足し，火葬場の利用が進んだ（堀場，1990）．
7) 当初は，死後に燃やされることへの抵抗が強く「埋葬してくれ」と遺言する人がいた．また「埋葬だと（肉親の魂が）まだここにおるような気がする」が「火葬だと（肉親の魂が）ピアーッと行ってしまう気がする」という抵抗もあった．しかし多くの人は，性急な葬送に寂しさを感じながらも変化を受け入れるに至った．
8) 酒井卯作によると沖永良部でも「ウジチ山・ヤナ山・フルバなど」は「一様に祟る場所として，島民にとっては歓迎できない一区画」だった．つまり沖永良部にも埋葬地（埋め墓）を忌むという感覚はあった．しかしトール墓が祖先祭りの場，聖地にまで昇華されている点について酒井は「妖気漂う死者の置場」と「始祖を祀る祭場」という矛盾した性質を併せ持つと指摘し，その矛盾を元来「幾つかのいりまじった機能が洞窟の中にあった」こと，なかでも住居でもあった洞窟に葬地という機能が加えられた点に着目して説明している（酒井，1987）．
9) 与論島で墓石の購入が本格的に始まったのは1972年の沖縄の本土復帰前までのことで，与論島の観光のピークの時代と重なる．このことは近藤功行も指摘しており，観光客の増加によってもたらされた経済力の向上が「急激な墓石・納骨堂の建立の背景」にある（近藤，1987）．その後，火葬場建設が現実的に進んでからは納骨設備を備えた墓石が購入されるようになった．
10) 火葬の普及期の初期の奄美沖縄において「第二次葬の際に死骨を火で焼く行為が行われることがあった．その行為は，沖縄では1940年代から70年代にかけて，火葬，ないし「焼骨」として報告され，奄美では1970年代から80年代にかけて，火葬，あるいは遺骨を焼く行為などとして報告されている．また，火葬葬法定着後の沖縄で，火葬骨に対して洗骨を行う行為がわずかながら報告されている」，「これらの行為は，複隣体系への火葬葬法の導入過程で生じた重要な変容であると思われる」（加藤，2010）．与論では墓石の納骨設備が大きくないため，火葬によって過去の改葬骨の量を少なくする必要があることもかかわっていた．火葬せずに改葬骨を入れたカメを墓石の脇に埋めたままにしている墓地も多い．なかには甕を複数個納められる大型の納骨設備を持つ墓もあった．
11) 「与論町火葬場の設置及び管理に関する条例」（2003年3月14日条例第9号）で火葬場の利用料金は次のように定められている．「大人（13歳以上）2万円，小人（13歳未満）1万円，1歳未満6千円，死産児5千円，改葬骨・改葬済骨1万円，人体の一部及び胎盤5千円」（以上，与論町の住民の場合．町外の場合は割増料金）．「改葬骨・改葬済骨」の料金があらかじめ設定されていることに注目したい．

12) 葬送儀礼などを取り仕切る宗教者—マチーニン（祭り人）と総称される—の呼称には混同が見られる．これまで島の神社にいた神道系の宗教者は「ボウジ・ボンサン」と呼ばれてきた一方，島外で修行を積んで仏教の僧として島に帰ってきた人は「シンカン」と呼ばれている．要するに，しっかりと供養さえしてくれればカンヌシ・シンカンでもボンサン・ボウジでもかまわないわけである．
13) 火葬場供用開始直後，島内で若い人が交通事故死したが，遺族が「骨を残したい」と旧来通りの埋葬を選択した．その後 40 歳代の男性もやはり埋葬された．このように，火葬することを「しのびがたい」，「家族を焼くのはかわいそう」とする思いは火葬場供用開始後も根強く残った．とくに若くして亡くなった方の場合そうした思いは強かったと考えられる．結局，天寿を全うした 90 歳代の男性が供用開始後第 1 号の火葬となった．
14) 十六日祭（旧暦 1 月 16 日）と清明（新暦 4 月 5 日頃）は，年によって間隔が異なる．たとえば 2015 年の旧暦 1 月 16 日は新暦 3 月 6 日で，1 カ月足らず後にすぐ清明だった．一方 2017 年の旧暦 1 月 16 日は新暦 2 月 12 日で，清明まで 7 週間超ある．
15) ただし旧盆は墓掃除・墓参をする地域もあるが，家に帰ってくる先祖の霊をお迎え（ウンケー）して仏壇に供え物をして祀る日である．旧盆の仏壇には料理を詰めた重箱が供えられ，盆の最後の夜には祖先をお送り（ウークイ）するため香炉と供え物（重箱・果物・お茶など）が縁側に並べられ，先祖が用いるサトウキビの杖が玄関先におかれる．

参考文献

赤嶺政信（2000）沖縄県．死・葬送・墓制資料集成：西日本編 2，国立歴史民俗博物館資料調査報告書，**10**．

赤嶺政信（2002）奄美・沖縄の葬送文化—その伝統と変容—．葬儀と墓の現在：民俗の変容（国立歴史民俗博物館編），吉川弘文館．

赤嶺政信（2008）柳田国男の民俗学と沖縄．沖縄民俗研究，**26**．

井口 学（2015）日本復帰前の沖縄における墓の新設をめぐって：沖縄島那覇，中部地域を中心に．国立歴史民俗博物館研究報告，**191**．

小川 徹（1987）近世沖縄の民俗史，弘文堂．

越智郁乃（2015）墓に用いられるモノと記憶：現代沖縄の造墓からみた墓制の変容．国立歴史民俗博物館研究報告，**191**．

加藤正春（2010）奄美沖縄の火葬と葬墓制—変容と持続—．榕樹書林．

国立歴史民俗博物館（1999，2000）死・葬送・墓制資料集成，国立歴史民俗博物館資料調査報告書，**9**，**10**．

近藤功行（1987）死の表象に関する社会人類学的考察（3）—与論島の洗骨儀礼を中心として—．法政人類学，**33**，法政大学人類学研究会．

近藤功行（2003）与論町における死亡場所，死生観と終末行動をめぐる人類生態学的研究．志学館法学，**4**．

酒井卯作（1987）琉球列島における死霊祭祀の構造，第一書房．

佐喜真興英（1925）シマの話（炉辺叢書），郷土研究社．

島尻勝太郎（1980）ニンブチャー．近世沖縄の社会と宗教，三一書房．
新谷尚紀（1991）洗骨改葬と両墓制―遺骨へのこだわりと霊魂祭祀―．両墓制と他界観, 吉川弘文館．
武井基晃（2015a）葬送の変化と祖先祭祀行事の自動車社会化―沖縄本島中南部の事例―．国立歴史民俗博物館研究報告，**191**．
武井基晃（2015b）沖縄県中頭郡中城村での昭和 34 年・平成 19 年の葬送・墓制「調査票」．国立歴史民俗博物館研究報告，**191**．
武井基晃（2015c）自動車社会化と沖縄の祖先祭祀．盆行事と葬送墓制（関沢まゆみ・国立歴史民俗博物館編），吉川弘文館．
津波高志（2012）沖縄側から見た奄美の文化変容，第一書房．
名嘉真宜勝（1968）沖縄の洗骨習俗―分布・呼称・時期について―．日本民俗学会報，**58**．
名嘉真宜勝（1989）沖縄の葬送儀礼．祖先祭祀（渡邊欣雄編），凱風社．
比嘉政夫（1982）沖縄民俗学の方法：民間の祭りと村落構造，新泉社．
平敷令治（1990）沖縄の祭祀と信仰，第一書房．
平敷令治（1995）沖縄の祖先祭祀，第一書房．
堀場清子（1990）洗骨廃止の悲願．イナグヤナナバチ―沖縄女性史を探る―，ドメス出版．
琉球政府文化財保護委員会（1970）沖縄の民俗資料，**1**．

索　引

ア　行

アタリ　86
後火葬　14, 15, 18, 19, 20, 63
アトミラズ　32, 64, 66, 68, 71
穴掘り酒　28

遺骸（遺骨）送り　32
遺骸葬　15
遺骨葬　15, 32
一石五輪　48, 49
いなんせ斎苑　115
引導場　47
引導渡し　16

ウマチー（御祭）　142
ウマヒキ　64

エンバーミング　60
遠方の一致　5, 7, 92

大型納骨堂　33, 35, 36, 38, 39, 41
お性根抜き　15
オチャハン　63
お斎　59, 67
お盆　5, 39, 46, 137
オモシンルイ　87
オヤオクリ　100
親念仏　62

カ　行

改葬　125, 126, 127, 131, 132, 134, 135, 136, 138, 139, 140, 141
改葬文化圏　126
カイト　3, 5, 56
火葬　2, 4, 5, 8, 10, 11, 14, 15, 16, 17, 18, 19, 20, 21, 22, 23, 28, 30, 31, 32, 33, 35, 39, 41, 42, 43, 45, 46, 47, 49, 50, 51, 52, 55, 59, 65, 67, 69, 70, 85, 86, 87, 88, 90, 94, 97, 100, 108, 110, 112, 114, 116, 118, 119, 122, 125, 126, 127, 128, 129, 131, 132, 134, 135, 136, 138, 139, 140, 141, 152
火葬化　33, 34, 135
家族葬　100
カツギ　1, 66
神御清明　149, 150, 151
神人　112
甕　41, 127, 134
カメ（厨子甕）　131, 141
遺骸送り　71
カラゾウシキ　19
龕　1, 112, 114, 115, 116
棺担ぎ　4, 85
官の学問　75
ガンブタ　131, 134, 139, 140, 141

キチュウ（忌中）　62, 63
キチュウバライ（忌中払い）　61, 63, 64
旧盆　142
共同納骨堂　10, 33, 34, 35, 36, 50, 53
共同墓地　109

食い別れ　60, 63
組　4, 18, 69, 70, 71, 85
組合　11, 47

血縁　5, 85, 86, 88, 91
血縁的関係者　12, 25, 26, 85, 86, 87, 88, 91, 96
玄室　127, 128, 129, 130

講　4, 85
公営火葬場　11, 14, 16, 19, 20, 21, 22, 23, 28, 30, 35, 41, 59, 61, 65, 82
甲賀広域斎場　42
講中　11, 60, 71, 86, 94, 96
頭剃り　60
高度経済成長期　2, 5, 10, 11, 30, 82, 96, 97, 109
国葬　24
輿かき　42
コシンルイ　87
骨葬　15
児やらひ　100

サ 行

蔡氏　142
在宅死　29, 137
坐棺　47, 127
散骨　10
三十三回忌　118, 136, 137, 138
三世相　110
サンマイ　21, 42, 43, 45, 46, 47, 48, 49, 50, 51, 52, 53, 80, 81, 88, 89, 97

死穢忌避　6, 28, 43, 44, 50, 52, 79, 81
死者記念　50
四十九日　20, 117, 118, 119, 127
四十九日餅　117, 118
死・葬送・墓制の変容についての資料調査　10
地蔵盆　48
自宅葬　29, 63, 64, 68, 70
死装束　12, 13, 85
偲ぶ会　71
死亡広告　110
清明祭　6, 7, 108, 109, 142, 143, 144, 145, 149, 150, 151
社縁　85
周圏論　78
重出立証法　7, 73, 77, 91, 92
ジューシー　115, 117
樹木葬　10
十六日祭　6, 7, 142, 143, 144, 145
正七月型の先祖祭　143
精進料理　63
触穢思想　6, 79, 82

死霊畏怖　28
白装束　12, 25, 42
白無垢　24
新型公営火葬場　96
シンルイ　87, 90, 91
　──を作る村　4, 88

生死の中間領域　28
石塔　52, 79
石塔墓地　31, 43, 45, 46, 47, 48, 49, 50, 51, 52, 53, 55
絶縁儀礼　28, 60, 71
洗骨　2, 3, 107, 108, 110, 118, 119, 120, 122, 124, 125, 126, 127, 128, 129, 131, 132, 134, 135, 138, 139, 140, 141, 145, 152
先祖祭り　38, 39
先祖への道　131
善の綱　1, 16

添い寝　28
葬儀会館　59, 60
葬儀社　3, 13, 20, 23, 56, 57, 70, 71, 108, 110, 112, 114, 118, 119
葬儀の商品化　14, 71
葬具作り　12, 13, 16
相互扶助　2, 3, 5, 10, 11, 46, 56, 60, 70, 71, 85, 89, 90, 94, 96
葬祭場　47, 69, 70, 97
葬祭ホール　96
葬式組　4, 11
葬式シンルイ　4, 46
葬式三日　70
ソウズケノババ　66
葬送儀礼の省略化　29
素服　24
ソーレンシンルイ　88, 89, 90

ソーレンバ　56

タ 行

大喪　24
七夕　108, 142, 143
タニン　4, 87, 91
　──を作る村　5, 87
霊魂送り　2, 32, 64, 68, 71
霊屋　35
ダミワカゼ（茶毘若勢）　66
樽持ち　69
単独立証法　91
単墓制　43, 52, 54, 55, 78, 79, 80, 82

地域差　3, 5, 7, 15
地縁　5, 85, 86, 91
地縁的関係者　12, 85, 86, 87, 88, 91, 96
力飯　28
茶碗割り　60
チュラドール　126, 127, 128, 129, 130

塚マルメ　5
通夜　16, 32, 61, 68, 69, 112, 115

ティヌブイ　137, 138
出立ちの儀礼　2, 18, 28, 60, 61
出立ちの膳　28, 60
寺送り　2, 64, 71
伝承　76, 92
伝承分析学　74, 75, 76, 82, 91, 100
伝承論　76, 97, 100
同行　59

索　引

同朋墓　49, 50
トギ　26
土葬　3, 4, 5, 8, 10, 11, 14, 16, 17, 18, 19, 20, 22, 23, 28, 30, 31, 32, 33, 35, 38, 39, 41, 42, 43, 44, 45, 46, 49, 50, 55, 61, 65, 67, 68, 69, 70, 82, 85, 86, 97, 126, 127, 128, 129, 131, 132, 134, 135, 138, 139, 140, 141
トムライ場　59
トール墓　127

ナ　行

苗村神社　43, 44, 47, 49, 88

西浅井斎苑　50
入棺　12, 13, 16
ニンブチャー　112, 152

布引斎苑　44, 47

年中諸礼式之事　142
念仏三昧　80

納棺　85
納骨　49, 50, 53, 114, 116, 125, 127, 128, 131, 134, 135, 137
野棄て　94
野卓　59
野墓　59
野辺送り　1, 2, 3, 16, 17, 18, 20, 28, 32, 41, 42, 46, 47, 61, 63, 64, 66, 67, 69, 71, 86
ノヤキ（野焼き）　14, 19, 21, 56

ノロ　112

ハ　行

灰納め　66
墓直し　5
箱仏　48, 49
白骨化　120, 125, 127, 137
初盆　37, 41, 71
ハバキ酒　60
ハマオリ　61, 62, 63, 64, 71
比較研究法　4, 5, 6, 7, 8, 73, 76, 77, 79, 82, 86, 91, 92
彼岸祭　143
引っ張り餅　28
病院死　29

風葬　120, 126
服装心得　24
服喪　12, 24
文献史学　75, 91, 92

変遷論　76, 78, 97, 100, 101

方言周圏論　7, 73, 77, 92
墓前祭　144
ホール葬　2, 3, 29, 61, 63, 64, 68, 69, 70, 71
盆行事　5, 7, 37, 128, 129

マ　行

前火葬　8, 14, 15, 16, 17, 18, 19, 20, 61, 63, 65, 68, 69, 70
マクラショイ　64
魔物　26, 28
魔除け　26
ミーサ（新仏）　144, 145

ミハカ　80
美浜斎苑　57
耳ふさぎ　28
宮座祭祀　81
民間伝承学　75, 91
民俗伝承学　7, 82, 91, 92, 97

無縁　5, 85, 86
無縁的関係者　12, 85, 86, 97, 100
蓙叩き　59
無石塔墓制　43, 52, 53
村請制　3, 71
門中　109, 125, 144, 145, 149, 151
門中墓　109

喪服　23, 24, 26, 42, 133

ヤ　行

屋形　35, 38, 39
ヤゴモリ　86
焼き番　21
ヤシキトリ　4, 85
野の学問　75
山参り　2, 71
ヤライ　46

湯灌　12, 13, 16, 21, 85, 110
ユタ　112
ユンヂチ　108

ヨボシゴ　18

ラ　行

六国史　6
両墓制　31, 41, 43, 52, 54, 55, 78, 79, 80, 81, 82, 126

両墓隣接型　52

霊膳持ち　42
霊肉分離　20, 78
霊肉別留　79

連結式石塔　36, 39

ログメンオリ　64, 66, 67, 71

欧　文

tradition　76, 92
tradition populaire　75
traditionology　75

Memo

Memo

Memo

編者略歴

関沢 まゆみ
せきざわ

1986年　東京女子大学文理学部史学科卒業
1988年　筑波大学大学院地域研究研究科修士課程修了
現　在　国立歴史民俗博物館教授
　　　　文学博士（筑波大学）
著書に『官座と墓制の歴史民俗』吉川弘文館（2005），
『現代「女の一生」―人生儀礼から読み解く―』NHK出版（2008），
編著に『戦争記憶論―忘却，変容そして継承―』昭和堂（2010）などがある．

国立歴史民俗博物館研究叢書2
民俗学が読み解く葬儀と墓の変化　　定価はカバーに表示

2017年 3 月20日　初版第 1 刷	
2023年12月25日　　　 第 2 刷	

編　者　関　沢　まゆみ
発行者　朝　倉　誠　造
発行所　株式会社　朝　倉　書　店

東京都新宿区新小川町 6-29
郵便番号　162-8707
電話　03（3260）0141
FAX　03（3260）0180
https://www.asakura.co.jp

〈検印省略〉

ⓒ 2017〈無断複写・転載を禁ず〉　印刷・製本　デジタルパブリッシングサービス

ISBN 978-4-254-53562-4　C 3321　　Printed in Japan

JCOPY　〈出版者著作権管理機構　委託出版物〉

本書の無断複写は著作権法上での例外を除き禁じられています．複写される場合は，
そのつど事前に，出版者著作権管理機構（電話 03-5244-5088，FAX 03-5244-5089，
e-mail: info@jcopy.or.jp）の許諾を得てください．

好評の事典・辞典・ハンドブック

脳科学大事典 甘利俊一ほか 編 B5判 1032頁

視覚情報処理ハンドブック 日本視覚学会 編 B5判 676頁

形の科学百科事典 形の科学会 編 B5判 916頁

紙の文化事典 尾鍋史彦ほか 編 A5判 592頁

科学大博物館 橋本毅彦ほか 監訳 A5判 852頁

人間の許容限界事典 山崎昌廣ほか 編 B5判 1032頁

法則の辞典 山崎 昶 編著 A5判 504頁

オックスフォード科学辞典 山崎 昶 訳 B5判 936頁

カラー図説 理科の辞典 山崎 昶 編訳 A4変判 260頁

デザイン事典 日本デザイン学会 編 B5判 756頁

文化財科学の事典 馬淵久夫ほか 編 A5判 536頁

感情と思考の科学事典 北村英哉ほか 編 A5判 484頁

祭り・芸能・行事大辞典 小島美子ほか 監修 B5判 2228頁

言語の事典 中島平三 編 B5判 760頁

王朝文化辞典 山口明穂ほか 編 B5判 616頁

計量国語学事典 計量国語学会 編 A5判 448頁

現代心理学［理論］事典 中島義明 編 A5判 836頁

心理学総合事典 佐藤達也ほか 編 B5判 792頁

郷土史大辞典 歴史学会 編 B5判 1972頁

日本古代史事典 阿部 猛 編 A5判 768頁

日本中世史事典 阿部 猛ほか 編 A5判 920頁

価格・概要等は小社ホームページをご覧ください．